길 따라 물길을 따라

길 따라 물길을 따라

김 영 우 시집

오늘의문학사

┃저자의 말┃

올해가 나의 결혼 48주년이 되는 해다. 특히 고희(古稀宴)를 맞이한 나의 동반자(젬마)에게 한권의 시집을 안겨줄 수 있게 되어 참으로 기쁘다.

"길 따라 물길을 따라"라는 제목으로 첫 시집을 발간하게 되어 다시 한번 여생의 옷깃을 추스려 본다. 돌이켜보면 지난 세월은 물 흐르는 대로 세상 순리에 따라 순응하며 살아왔다. 지난 세월을 받아들이면서, 보고 또 보고 다시 느껴 한편 한편의 시를 만들어 조심스럽게 담아보았다.

월간 시사문단에서 "아내의 십자수"란 수필집을 내면서도 살아온 발자취를 그대로 메모하여 수월하게 내 소견을 발표하였다. 그러나 이번 첫 시집은 마치 수건을 짜는 듯 내 마음을 조이게 하고, 푸른 하늘이 더욱 높아만 보였다. 미흡하지만 생활 체험 속에서 얻은 창의력과 자연을 바라보는 시각에서 습작한 글들을 정리한 것이다

내가 살아온 부산을 떠나 제2고향인 대전에서 피정의 삶을 살아온 지도 어언 15년이 흘렀다. 대전은 나에게 프란치스칸의 정체성을 확고히 다져주었고, 문인으로 성장 시켜준 역사적인 곳이다. 그동안 문학을 익혔고, 작가의 눈으로 시인의 길을 걸으며, 밤새워 글을 쓰는 번뇌 속에서도 붓을 놓지 않았다.

흡착증 척추 수술을 받고도 태백산 설악산, 팔공산, 금오산 여러 곳을 산행하였다. 미국 캐나다 중국 이태리 스위스 프랑스 영국 독일 등 외국여행과 평양방문 문학탐방으로 시상을 넓혔던 것들이 나의 보람이다.

인생은 유한한 것, 죽음을 위하여 살아가는 오늘, 종착역을 향하여 물길 따라 흘러가는 인생길. 벌써 임진년(壬辰年)도 나와 함께 서서히 저물어간다.

시를 쓴다는 것은 제2의 고향을 찾는 길이요, 첫 시집을 내는 것은 새 생명을 탄생시키는 것이라고 정의해 본다. 그동안 시인의 길을 걷게 해주신 문인들과 김영수(요셉) 시인님, 그리고 문학사랑 이사장님이신 리헌석 발행인님에게 깊은 감사를 드린다.

하나님의 은혜에 머리 숙여 감사드리며, 그림자 같은 나의 동반자(젬마)에게 이 시집을 바친다.

2012년 11월 19일
당신의 고희(古稀宴)을 맞이하면서
시몬 / 김영우

차례

1부 기다리던 봄

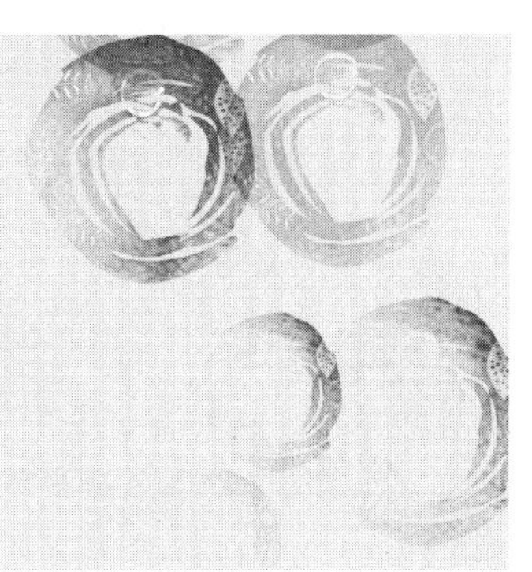

차례

2부 아내에게 바치는 글

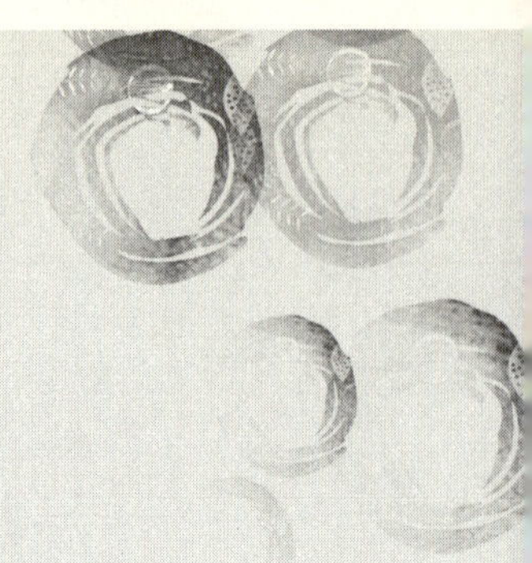

차례

3부 첫눈 내리던 날처럼

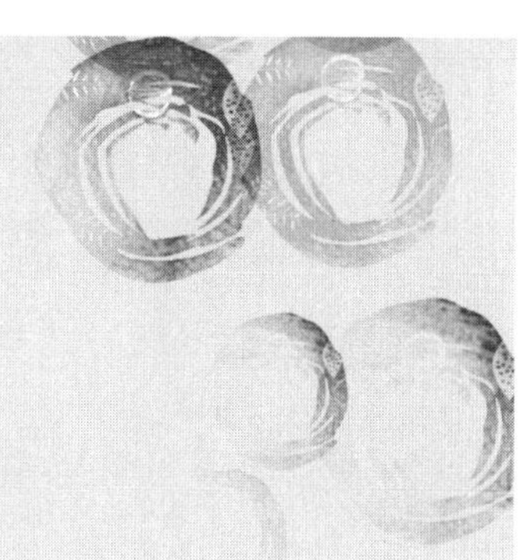

차례

4부 산행 길

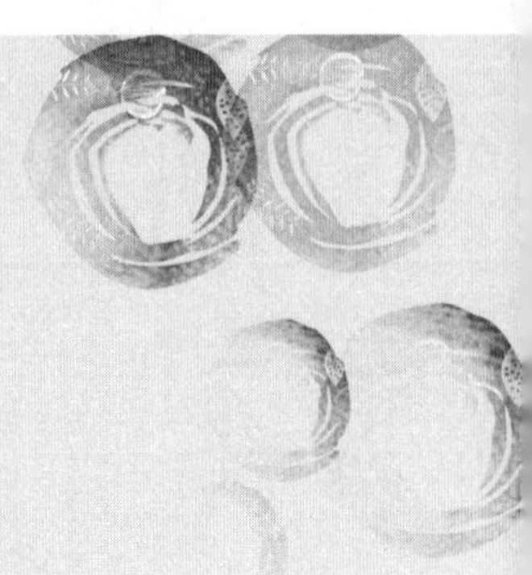

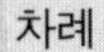

차례

5부 甲川을 거닐며

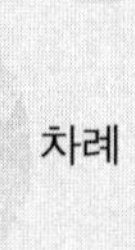
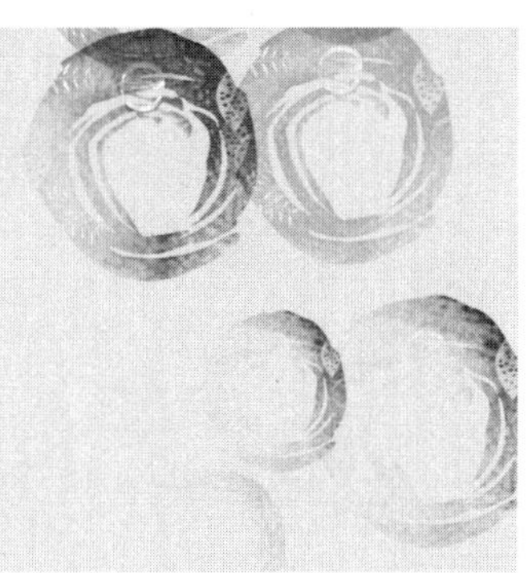

6부 무지개 탄 친구

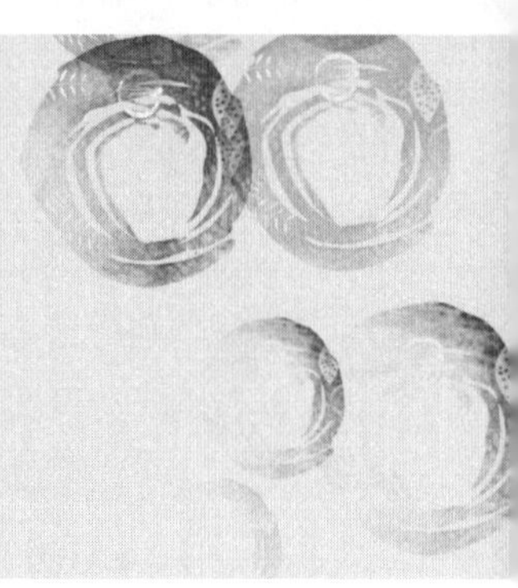

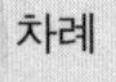

7부 허더슨 강가에서

제1부
기다리던 봄

기다리던 봄

나뭇잎 곱게 그림을 그린다.
개구리가 봄노래를 부른다.

언덕에 내려앉은 한 점 구름
파란 풀잎은 얼굴 내밀고

창밖의 목련 눈 뜰 때
하늘의 참새들이 노래 부른다

잔설殘雪 위로 솟은 새싹들
쑥떡 만들어 배 채우던 시절

하늘만 쳐다보는 어머니 마음
찬물 한 그릇 보릿고개 넘겼네.

민들레

노란색
곱게 물들여 입은 아이들
눈망울이 선명도 하다

엄마 품 떠나
돌담 아래 햇살을 받아
찾아 든 터전

봄바람이 홀씨를 날린다.
산고의 고통도 잊고
세상 밖으로 훨훨 보낸다.

라일락 꽃

찾아오는 사람 하나 없어도
외롭지 않은 것은
라일락 향기, 그대 있어서다.

잘 익은 동동주 한 잔 놓고
한동안 시름없이 앉아서
창밖의 그대 모습을 본다.

홀로 텅 빈 술잔에
그대 향기 가득 채워
오순도순 추억을 엮는다.

그대, 내 사랑이여
옛 향수에 젖어
창밖에서 기다리는 그대를 찾는다.

춘분春分

춘분을 나누어도,
추분을 나누어도
지구는 온난화로 변하고
김칫독 깨지는 소리
이젠, 먼 이야기가 되어버렸다.

멀리 하늘을 바라보며
인연은 세월을 따라 맴돌고
다시 봄의 중심에 서서
세상을 사랑한다.
계절을 사랑한다.

철쭉꽃 군락지群落地

푸른 계절의 5월
활짝 웃는 철쭉꽃 군락지는
큰 불바다를 이루었네.

오랜 세월을 살아오면서
욕심도 투정도 없이
스스로 핀 꽃이 곱기만 하네,

비가 오나 눈이 오나
저 자연의 숨소리
그대 철쭉꽃 향기 가득하네.

잔꽃송이

내 이름은 작은 들꽃,
어디서나 피어나는 작은 들꽃,
작아도 외롭지 않는 들꽃,
해 뜨면 해님과
해 지면 별들과 춤추네.

꽃송이 하나하나 순교의 넋
여기가 예루살렘
성거산 성지*
영원한 안식처 무명의 꽃

겨자씨 움트는 님의 숨소리
새봄에는 들꽃 피고
꽃잎 바람에 실려
땅 끝까지 하늘 끝까지
님의 향기, 님의 말씀 전하네.

* 성거산 성지에서

상처 난 들꽃

오늘도 곱게 핀 들꽃 하나
외로운 상처 하나
양지바른 숲에서 홀로 피어 우네.

누군가 행여 반겨줄까
발자국 소리에 놀란 들꽃
쓸쓸히 미소 짓는 그 모습이 외롭네.

가을바람에 색동옷 입고
산이 좋아서 찾는 보문산 산길
들꽃에 취하네.

저 외로운 들꽃 하나
아름다운 상처 하나
오늘도 가을에 취해 이 길을 걷고 있네.

천주산 진달래

천주산은 하늘을 받치는 기둥, 아름다운 용지봉龍池峰 638.8m, 봄이면 진달래꽃이 불바다를 이룬다.

1926년 15세 어린 소년, 동원 이원수 선생의 산실産室 "고향의 봄" 창작으로 민족의 혼불 밝혀 소답리 천주산에 노랫소리 흐른다.

시인 김소월이 살던 북한, 영변의 약산藥山에도 진달래가 피었는지 몰라.

강화의 고려산 436m, 여수의 영취산 510m, 창령의 화왕산 756.6m, 창원의 천주산 638.8m, 조국의 꽃 진달래가 민족의 노래되어, 진달래 필 때마다 부른다.

오월

푸른 날 오월이 오면
푸른 날개를 달고
빨간 얼굴을 내민 당신
꽃 중에 꽃 장미꽃 피었네.

이제 장미꽃 당신
그 아름다움에
하늘과 땅이 교차하고
천상 어머니께 발길 옮기네.

활활 타는 태양의 열정
오월은 기다리던 성모성월
다섯 계단을 오르면서
가슴의 파랑새가 창공을 난다.

늘 푸른 우리들의 하루
석양빛의 녹음이 내릴 때
하늘도 바다도 하나가 되어
장미꽃 달고 웃음 짓는다.

초록

엽록수
푸른 잎
그대 품 그 열정
태양보다 강한
푸르름이여!

숲속 이룬
엑스포 아파트
공간마다 가지마다
녹음이 쌓이네.

식탁 앞에 창가
그대와 마주 앉은
연두 빛 엽록성
광합성 작용에
나 또한 그대 되리라

가지마다
태양빛 녹음에
나뭇잎 바람에 춤추는

어머니의 젖줄,

푸르름이여…

상사화相思花 축제

불갑산이 품고 있는 9월의 여인이여
그대, 아름다움 누구의 선물인가,
끝도 시작도 없는 영혼의 손짓이여
그리움에 너를 찾았노라.

산이 좋아 찾아왔네
꽃이 좋아 모여 들었네
하늘은 가을 색으로 가득하고
들판은 황금빛으로 가득하네.

그 누가 손님인가
어느 누가 주인인가
불갑사 축제에 그대 찾아 왔건만
상사화 축제에 가슴만 설레네.

* 2011년 9월 24일(토), 〈우정 산악회에서,〉

구절초九節草 축제

정읍 옥천호의 섬진강 언덕
가을 하늘에 솜털구름 수놓고
내 꿈의 향연 펼치네.

구절초 다리 건너
솔숲 하얀 구절초
푸른 치마폭에 아득하네.

9월에 태어난
어여쁜 네 얼굴
생명의 아름다운 축제

산내 감투봉(640m)
팔각정 정상 마루에
오순도순 모여 앉은 산악인들
도토리 찾아 헤매는
다람쥐 닮았네.

* 2011년 10월 12일(수) 향군산악회 테마산행

야생화

이름도 없이 태어난 들꽃
혼자 외로워
봄바람도 수줍어하는데
아침 햇살이 웃음 짓는다.

아무도 찾는 이 없으나
맑은 하늘은
은혜로운 비를 내리고
외로운 가슴에 향기를 심는다.

밤낮 노래하는 네가 있어
언제나 산이 푸르고
새들이 노래할 때
나는 초록의 시를 읊는다.

새와 사랑의 의미

새의 종류가 너무나 다양합니다. 여러 새들은 인간에게 수많은 사연을 전해 줍니다. 미관으로, 정서적으로, 영성적으로, 인간의 마음을 기쁨과 슬픔을 안겨 주기도 합니다.

자신의 몸과 마음을 먹이로 내 놓고 자유가 무엇인지 사랑이 무엇인지 교훈을 남깁니다. "새야 새야 파란 새야, 녹두밭에 앉지 마라. 녹두꽃이 떨어지면 청포장수 울고 간다." 먹을 것 없던 지난 시절 새로워집니다.

청포도 장수 울린 새, 현철의 노래 흥겨운 아미 새, 사랑 깊은 펠리칸 새, 부활을 상징하는 피닉스 새에게 자유를 배우고 사랑을 느꼈습니다.

새와 사랑의 의미를 노래하며, 여러 새와 인연을 맺고 삽니다.

금자화金自花

오거리의 텃밭에 O2씨 심어
싹트고 잎 솟아 아름다운 그 모습
그윽한 향기 온 누리에 퍼지도다.

넓고 푸른 동해바다 가슴
저 죽도 위에 파도치니
포말마다 금자화 사람마다 절색이네.

하늘에는 무지개 뜨고
땅에는 금자화가 피고
빼어난 진. 선. 미를 창조하는
금자화 인술이여.

* 2012년 2월 2일 병원개원 날에

제2부

아내에게 바치는 글

당신

붉게 핀 장미꽃
오월의 성모님,
뜰 안에도 출렁이고
담 벽에도 파도치네,

바람이 불어도
오랜 세월이 흘러도
언제나 당신은
향기로운 성모님

책가방 끼고 가는
뒷모습 애처로워
창문 열고 마중하는
애틋한 당신이여

붉게 핀 장미꽃
당신은 십자가
긴 여정 손잡고
천년만년 살고지고.

나는 당신입니다

창문 열면, 언제나 바라볼 수 있는 나뭇잎, 오늘은 푸른 옷 내일은 붉은 옷 입고 기다리다 지친 낙엽 같은 당신을 나는 바라봅니다.

비가 오면, 눈물 머금고, 바람에 흔들리는 나무 잎에 편지를 보냅니다. 창가에 살포시 흰 눈 내리면 당신은 나의 머리칼을 바라봅니다.

눈 감으면, 별 하나 나뭇잎 하나 하늘의 거울 하나 사계절 일편단심 한 평생 바라보며 꿈 많은 나무 열매 같은 당신,

당신은 나의 모든 것입니다.

길 걸으면, 순례의 여정을 헤매게 됩니다. 아름다운 흔적 찾아 손에 손 잡고, 석양에 낙조, 수평선 돛단배의 망원, 당신은 나의 동반자입니다.

당신과 함께

한 생애를 가꾼
억센 손,
생각에 잠긴 얼굴에도
환하게
둥근달이 떠오르네.

당신이 걸어가는
뒷모습 위로
하늘에서 별빛이
내릴 때 손에 든
묵주알 별빛에 영롱하네.

그대 생일날에

나는 행복합니다.
당신과 함께 있어 참, 행복합니다.
벌써 칠순을 앞둔 당신,
오늘도 화봉산 산행 길 즐겁기만 합니다.

숲속 나뭇잎 떨어져 쌓이는데,
우리네 가슴에는 연륜만 쌓입니다.

새소리 적막한 산속, 다람쥐도 떠났는데,
아직도 내 마음은 욕심으로 가득합니다.

풀잎 하나 낙엽 하나 새롭게 바라보고,
생명의 신비 삶의 여정 되새기면서
당신은 내손 꼭 잡고 정상을 향합니다.

황금빛 은행잎 금덩어리로 변한다면,
소말리아 아이들께 보내고 싶다는 마음,
당신의 고운 천성 행복의 원천입니다.

* 2011년 11월 1일 〈69년 탄신을 맞이하여〉

아내의 십자수

철썩이는 파도소리 듣지 못하고
오직 한평생 아들 넷을 위하여
옆 눈 팔지 않고 살아온 당신

십자수 기도삼아 지난날 되새기며
꽃 틀 속 한 코 한 코, 땀을 메우고
마음에 쌓은 사랑 나누는 당신

결혼 50주년 다섯 해 앞둔 원앙새
저녁노을 깊게 물든 엑스포에서
하늘까지 무지개 십자수를 놓네.

마음 가득히

산에는 짙은 나무 녹음으로 가득하고,
창공은 그림 수놓은 구름으로 가득하네.

시원하게 달리는 고속도로 자동차
내 시선 안에 가득하고
마음속에 담은 여름휴가는
가족과 함께 기쁨으로 가득하네.

백제의 숨결 함께하는 공주 밤나무
한여름 햇살에 살포시 익어가고
들판 논두렁에 콩잎은 아직도 푸른데
초등생 손주들 머리에는 의문으로 가득하네.

스파비스 온천에 파도타기 좋을시고
물놀이에 남녀노소 인산인해 이루고
삽교호 방조제 식당에는 손님들 가득하네.

공세리 성당, 합덕성당에 기도 방마다
하늘 여는 기도소리 순례객 가득하고

솔뫼 성지 소나무 가지마다
솔잎, 하나하나가 복음으로 가득하네.

* 2010년 8.21/22일, 가족 여름 휴가에서

미숫가루

한해 농사짓는 마음으로 쌀 콩 율무 열두 가지 곡식으로 어머니는 미숫가루를 만든다. 아카시아 꽃잎 따서 꿀 만들고 봄나물 매실엑기스, 피가 되고 살이 되는 보약을 만든다.

아침식사 대용으로 먹여 보내는 자식 생각, 그 마음 어디에 비할까, 콩 한 톨 쌀 한 알은 셀 수 있지만 애틋한 어머니마음 어떻게 헤아리랴.

하느님 사랑이 숨 쉬는 미숫가루
건강을 돌봐주는 어머니의 기도소리

창살에 갖힌 새

오늘 병원에 입원했다.
창밖에 기도하는 나무
나는 바라보고 있다.

계속 장마 비가 두드릴 때
창살 속에 갇힌 새
밤하늘의 펠리칸이여
이명耳鳴 속에 떨고 있구나.

여기 을지병원 807호실
고뇌의 어둔 시간에도
온 가족 함께 기도하고 있다
온 정성으로 기도드리고 있다.

어머님의 기일忌日

만물이 소생하고 꽃이 만발하던 날
4월은 부활을 기념하는 축제의 계절
순결한 목련화 하늘만 바라볼 때,
어머님은 팔일 축제 때 승천하셨습니다.

고해의 세상, 한 평생 지내시면서
이승에서 못다 이룬 한 많은 소원
예수님 일생과 함께하면서
아들 딸 잘되라고 늘 기도 드리셨습니다.

평소, 한 번도 조석을 챙기지 못하고
노심초사勞心焦思 아들딸 기르시느라
남의 집 품팔이로 얻은 밥 먹지 않으시고
감추어 어린 아들 먹이던 어머니셨습니다.

자동차 밑에서 기름옷 입은 수리공을 보고
내 아들 장래를 가늠하던 어머니,
시장거리 거닐며 장사꾼을 바라보며
아들 생각 가문 생각 양식 걱정 하셨다죠.

그렇게도 소원하신 어머님의 아들과
14년 어머님을 모셨던 큰 며느리가
아들 넷을 고이 길러 가문의 대를 이으니
이제는 하늘에서 고이 평안을 누리옵소서.

성모님께 기도하며 어머님 생각하며
오늘도 하늘의 모든 성인성녀들과 통교를 합니다.
예수님 부활하여 승천하셨고, 우리도 부활하여
어머니 함께 영원토록 살렵니다.

어머니 없으면 하루도 못 살 것 같더니,
어느덧 33년이 하루같이 지났습니다.
칠십 성상 백발 되고 어머니 소원 꽃이 피어
어머니 영전에 이 글을 바칩니다.

거가대교

님은 세상을 창조하셨고,
인간은 거제대교를 만들었다.

당신을 닮은 인간에게도
재창조의 능력을 시험하신 분,
하늘과 땅을 연결시켰네.

세상이 하늘까지
은하수 다리 놓아
먼, 당신 가까워지고
별 자리 옮기며 그대 찾아간다.

하늘에 별 바다 위에 무지개,
온 세상 빛이 되어
백조의 날개 달고
님과 함께 걸어가네.

맨하턴 건너가는 허더슨 강 위에
죠지 워싱턴 부릿지
세계 제일이라 자랑했지만

인천대교, 광안대교, 북항대교까지,
해저 심해 터널 사장 대교는
우리의 힘 우리의 기술이 세계의 최고!

하늘이여, 님이여, 나의 힘이여,
우리 함께 님 찾아 가던 날,
춘설春雪의 동백나무 위로
백조가 나를 때 꽃은 피고
무지개 타고 은하수 건너가네.
하늘과 땅이 맞닿는 그 곳까지….

오부자의 노래

서산에 지는 해는 경인년 호랑이
동해에 뜨는 해는 신묘년 토끼라
호랑이 지나간 뒤 토끼가 찾아왔네.

산도 그대로 절벽도 그대로인데
포구에 살던 어미는 그곳에 그대로인데
내 가슴의 파도는 파랗게 사무치네.

파도가 구름 안고 춤추는 동해바다
햇빛 따스한 날, 오 부자 나들이
파도소리 포효소리 한 세대 엮었네.

호미곶 땅 끝 마을 찾아간 오 부자
하늘에 무지개 평화를 내리는데
오 부자 받았다네, 그 빛 그 행복을.

한 핏줄 한마음 동해바다 황금보고
포항시 오거리에 O2 간판 걸었더니
포효소리 파도소리 하늘의 웃음소리.

성모님께 드리는 기도

오월은 우리 성모님의 달
붉은 장미꽃 한 다발을
성모님의 대전에 바칩니다.

연초록 가지마다
성심의 얼굴 내밀고
진한 향수처럼 사랑 가득한
천상의 모후 성모마리아여!

십자가의 고통으로
천상의 왕관을 쓴 아드님
예수 그리스도를 얻으신
복되신 마리아 저희 어머니시여!

늘 갈증과 목마른 자의 중심에서
어둠에 얽매인 쇠사슬을 풀어주시고
저희들의 고뇌(苦惱)를 아파하시던
당신은 바다와 같이 넓은 가슴으로
품어주시는 저희들의 어머니십니다.

그러나
저들은 세속적인 생활 속에서
항상 번뇌煩惱와 갈등과 연민의 욕심에서
눈이 먼 때가 많았습니다.

그럴 때마다
성모님의 깨끗한 숨결로
저희들의 오욕汚慾을 씻어주시고
어두움에 흔들리는 양羊떼들에게
인자하신 자비로 성령의 빛을 받아
위안을 주신 성모님 이었습니다.

성모님께서는
저희들의 눈을 뜨게 하시고
저의 귀를 열어주시어
아름답고 따스한 마음으로
언제나 어머님을 찾게 하셨습니다.

사랑하올 천상의 어머니!
내 주님의 나라

눈물이 없는 천상을 희망하며
로사리오 묵주 기도에 영혼을 실어
하늘나라로 무지개 타고 갈 수 있도록 빌어주소서.

또한,
몸과 마음을 희생하며
고난苦難의 역경 속에서도
항상 구김 없는 천사天使의 얼굴로
그리스도의 복음을 선포하시는
성직자와 수도자들, 수녀님들에게도
항상 보호해 주시고 어여삐 보시어
평화가 넘치게 도아주소서.

그리고
헌신적인 봉사자
평신도 사도직. 형제자매들께도
주님의 자비와 은총으로
평화로운 축복을 빌어주소서.

특별히
주님의 성전인 전민동 교회를
친교의 공동체로 엮어 주시어
하나가 되도록 도와주소서.

항상 깨어있으라 하신
주님의 말씀 따라
복음을 생활화하는 삶을 살아가게 하소서.

거룩하고 아름다우신
마리아님
살아 계시는 하느님의 어머니!
오늘 성모 성월을 맞이하여
천상의
장미꽃 왕관을 드리오니
어여삐 여기시어
받으옵소서.

* 2000년 5월 전민동 성당 성모의 밤 행사 축시

우리 안에 갇힌 새

따스한 봄빛 창가에 내리고, 오가는 차들은 자유로이 질주하는데, 창문 안에 한 마리 새 날지 못하고 활짝 핀 목련화만 화사하게 웃는다.

주사바늘 매달려 침대생활 4박 5일, 방울방울 떨어지는 애타는 시간들, 고통이 무엇인지 행복이 무엇인지, 파랑새 한 마리는 가슴에 새긴다.

시간 따라 백의천사 마주칠 때에 공포에 쌓인 고통 두려움이 앞서고, 할머니 할아버지 마음 조아리며, 애련한 손녀의 손 꼭 잡아준다.

오늘의 고통이 하느님의 벌罪인가. 우리 가족 모두가 소원하는 사랑인가. 우리 안에 갇힌 새 벅찬 마음 푸른 마음. 창공에 비행기, 새가 되어 날아간다.

아내에게 바치는 글

함께 살아온 어언, 47년!
오늘은 너무나 행복합니다.
당신은 해바라기, 일편단심 살아준 결실이라 생각합니다.

1964년 11월 24일.
칠성성당 하느님 앞에서 서약한
당신과 나는 무에서 유를 창조한 하느님의 뜻에 따라 살았습니다.

대청동 언덕에 살면서
물 한 동이에 7원 하는 것도 아까워
만삭의 몸으로 어린아이 손잡고 물을 길어 살았습니다.

어느 때는 아픈 머리 싸매고
열심히 사업을 발전시켜
부산에서 살기 좋은 초읍동에서 성 가정을 꾸려 살았습니다.

당신이 언젠가 이런 말을
해운대 백사장을 걸으면서도
아름다운 바다, 파도소리도 듣지 못했다고….

오직 살기 바빠서
아들 4형제만 생각하던 당신은
하느님의 뜻에 따라 하느님의 축복으로 키워냈습니다.

추억이 없다는 당신.
47년 동안, 나의 무심한 생활이
결혼기념일 한번 챙겨 드리지 못한 것을 가슴 치며 무릎을 꿇습니다.

이제 다시 새 삶을 시작합시다.
해바라기도 되고 장미꽃도 되어
흰 백지에 그림을 그려 나갑시다.

나는 오늘부터
당신의 꽃밭에 꽃씨를 심으렵니다.
우리의 남은 여정에 행복한 동반자로 오늘부터 꽃씨를 심으렵니다.

* 2011년 11월 24일, 결혼기념일을 맞이하여

수다스런 까치소리

못 잊어 생각이 나는가 하면
흔적조차 지우고 싶은 사람도 있다.

칠십 성상 넘는 너와 나의 우정
수다스런 까치 한 마리

의인도 인연이요 악연도 선물인데
새벽녘 갑천 길 내 발목을 적신다.

제3부 첫눈 내리던 날처럼

첫눈과 함께

첫눈 내리던 경인년에
포효하는 무인년 호랑이가
은빛의 등단 소식 전해준다.

기다림 내내 쌓이던 밤
시어詩語 따라 촛불을 밝혀
꽃 침대에서 첫사랑 불 태웠네.

이 칠십 고개 어두운 터널
여명 따라서 꽃이 피어
첫눈 내리던 날 새 생명 탄생했네.

* 월간 시사문단, 수필 등단소식을 접하면서

무주 리조트의 겨울

하늘밑 첩첩이 쌓인 산
산과 하늘이 함께 어우러진
무주구천동,
겨울 내내 정든 냇가의 얼음
영상의 온도에 녹아내리고
흐르는 물소리
졸 졸 졸 노래하네.

저 은색 산마루에 걸린
하얀 비단 길,
독수리 나는 듯 공중서커스
하늘 가르는 스키선수 즐겁다.

1614미터 향적봉 가는 길
천지가 눈 세상 상고대 시장
구상나무 만개나무 미선나무에
영롱한 얼음꽃 그림 수놓고
자연과 예술이 상고대에 맺혔네.

멀리 융푸라우 설경이나

궤벽에 쌓인 눈 못지 않은 설산
향적봉 은빛 상고대가
세계에서 가장 으뜸,

하늘에서 그저 받은 자연의 보물
무주의 겨울은 환상의 궁전

첫눈 내리던 날처럼

어린이 소풍가는 날같이
긴 밤을 설치고
설레는 마음으로 문학기행 떠날 때,
첫눈 내리던 기쁜 날처럼
자꾸만 설레었다.

당신의 홍조 띤 가슴속에
가늘게 떨고 있는 갈대 잎처럼
잔잔한 마음에 파도가 치네.

아득히 출렁이는 춘장대 해수욕장
수줍은 갈매기만 수없이 앉았네.
은빛 모래 알알이
감춰진 추억들 그리움
가슴에 꿈 심은 씨앗,
포말 된 천둥소리 파도치며 미소짓네.

대설 지난 겨울 바닷가에
송이송이 친구 된 마량리 동백꽃,
갈대 잎 속삭임에 바다가 춤춘다.

추억에 눈물 짓는
빌자국 따라
바닷가 횟집에는
시인의 노래 소리 도란도란
술잔에 추억이 넘치네.

* 2009년 12월 3일 (목) 한밭대학교 실용문예 창작과정 제18기 문학 행차 충남 서천군 춘장대 바닷가에서 마량리 동백정과 영화 공동 경비구역 촬영지 J.S.A 서천 한성리 갈대밭을 거닐면서 우정을 나누었다.

저 상고대 무송霧松

영롱한 얼음 꽃 맺힌 가지에
새색시 얼굴이 아롱거린다.

하늘에서 내린 여린 눈송이, 한이 된 결정체 아름다운 다이야몬드, 당신의 귀걸이, 당신의 목걸이, 만져보고 또 보고 또 만져보고 가슴에 보물하나 나의 사랑 당신이여. 세상에 아름다움 다 새겨도 아픔과 고통으로 맺어진 당신, 한세상 짧은 세월 상고대에 피었는가. 구름도 쉬어가는 향적봉 상고대, 흰 눈꽃 하얀 천지 햇빛이 눈부시네.

하늘이 주신 선물 덕유산 보물
상고대 흰눈이 가슴에 녹는다.

시월이면

시월을 좋아하는 까닭이
붉게 물든 단풍만은 아니다.

가을을 좋아하는 이유가
낙엽 밟은 발자국 소리만도 아니다.

어려서 배고팠던 고향도
세월 따라 추억이 쌓인 낭만도
더 더욱 아니다

태양이 서산에 머물고
팔각정 정상에 흰 눈 쌓여도
열두 달 사계절 남은 여정에
봄 꽃씨를 뿌릴 때,
시인은 가을을 노래한다.

내가 오늘 낙엽에
자화상을 그리고 있다.

* 2011년 10월 마지막 날에 엑스포 정원 창가에서

백로白露

이슬방울 밤새 내려
코스모스 꽃잎에 맺힐 때
백로를 맞이한 이른 아침,
보슬비 내려 내 마음 적신다.

오곡 익어가는 들길 따라
가을을 실어오는 비구름 따라
꽃길을 걷는다.
비에 젖어 걷는다.

비오는 백로는 풍년을 예고한다.
옛 조상 지혜로움 되새겨 보며
포도 맛 국화향기
가을 노래 젖는다.

붉은 고추 말리던 어머니 시절에
잠자리 잡으려다 된장독 깨뜨렸다.

* 2010년 9월 8일(수) 아침산책 길에서

2월의 손님

꽃필 때 눈 오고
눈 올 때 꽃 피는 세상
자연도 세상도 망령이 들었는지.
매화꽃 필 가지에 눈꽃이 피었네.

어느 때는 천사로
어느 때는 악마로
굳게 다문 입술 미소 지을 때
찾아온 손님 봄 나비 잠 깨우네.

쌓인 눈 쌓인 한숨 가슴에 안고
눈물 되어 흐르는 눈꽃
가지마다 노래 소리
2월에 오는 소리, 봄 오는 소리

입추立秋

삼복염천三伏炎天 중심에서
입추가 시작되고
세월에 쫓겨 살고
계절에 뒤져 사는
순례의 길 종점은 어디일까.

이마에 땀방울 식기도 전에
태양은 135도에 머물고
지상의 열매 익어 가는데
하늘은 자연의 순리에 따르라 하네.

약삭빠른 코스모스 붉은 입술 내밀고
입 맞추고 날던 고추잠자리
늘어진 가지에 대추가 익어간다.

가는 걸음 멈추고
산야를 바라보니
세월도 변하고 계절도 바뀌는데
생의 모습 춘몽이라 낙엽 질까 두렵다.

* 삼복염천(三伏炎天) : 삼복기간에 몹시 심한 더위를 가리키는 말

가을이 오면

이제 가을이 오면
나는 새 옷을 입으리라

북한강 문학제 정기를 받아
자유로운 향기 시심이 되어
창공을 갈라 하늘을 날으리라

이제 가을이 오면
나는 새 옷을 입으리라

허수아비 색동옷 얼룩진 모습
푸른 잎 떨어지고 벼이삭 백수려니
보라,
심지 않아도 걱정 않는 창공의 새들

이제 가을이 오면
나는 시심詩心에 잠겨 새 옷을 입으리라.

낙엽은 지는데

낙엽이 지는데
왜 내가 쓸쓸해질까.
빛바랜 너의 얼굴 찢겨진 옷자락
석양을 등진 채 바람에 날린다.

낙엽이 흩어지니
옛 추억 새롭다.
푸른 옷 입고 온갖 새 부르더니
찬 서리 못 이겨 떨어진 슬픔이여.

낙엽은 떨어지는데
햇빛은 창문을 연다.

새날을 약속하는 부활의 씨앗
그리워 기다리는 대림절
순교의 빗방울 새 생명 잉태하는데,
봄바람 그리워 바쁘더냐.

안개

안개 쌓인 강변 꿈속인 양
세치 앞도 못 보는 적막한 새벽
산책길 발걸음 먼동을 맞이한다.

천사들 노니는 아늑한 갑천 둑
휭휭 달리는 자동차 소리에
갈대 속 물고기 선잠을 깬다.

간간히 마주치는 조깅하는 사람들,
안개 속에 달리는 KTX 소리에
잠든 참새, 잠 설친 물새들,
안개 자욱한 강변이 새벽을 연다,

새벽

새벽은 닭 우는 소리에
여명이 시작되고 하루가 이어진다.
새벽은 기도로부터 시작되고
님 모실 준비에 바빠진다.

고요 속에 잠든 세상
가로등 불빛 졸고 있고
부서진 낙엽 포도 위에 쌓였는데
하늘의 별들은 어둠만 즐긴다.

은은히 들려오던 교회 종소리
새벽 불빛이 발길을 재촉한다.
항상 깨어있으라 하신
님의 말씀 따라, 어제도
오늘도 님의 집에 가고 있다

* 2011년 12월 첫 월요일 새벽 미사에

봄, 시작始作

달라진 바람소리 귓전을 스치고
봄 안개春霧 살포시 내리던 날
일터로 가는 길 발걸음부터
손주들 등교 길 트집까지도
봄바람 소리에 모두가 바빠진다.

살포시 잠깨는 봄 향기 소리에
가로수 뿌리에 스며드는 잔설殘雪
고통스런 가난도 녹아 버리고
흐르는 물소리 타는 목 적시며
하나 둘 가만히 새 생명 탄생한다.

잠깬 까치소리 학교 종소리,
지저귀는 참새 날개가 즐겁다.
화봉산 맑은 공기 봄 바람 타고
엑스포 아파트 창문을 두들기니
자, 나가자 봄이 오는 나루터에.

본질

오직, 하나뿐인 당신이여, 수없는 시간을 초월하며 2천년 전에 오신 빛을 보고 오늘도 당신만을 바라봅니다.

마음이 울적하고 괴로울 때나 기분이 좋을 때나 즐거울 때나 당신 앞에 기도하는 작은 자입니다.

집착도 세속의 헛된 욕심도 명예도 끊어 버리고 자유로이 당신 앞에 다가갑니다.

몸과 마음 삶과 죽음까지도, 내 가진 모든 것 당신의 도구 되어 살렵니다.

당신은 나의 주인
나의 본질, 나의 전부…!

올무에 따라

화봉산 산행 길에
피아란 잎새 길을 덮었다.
하필이면 태풍 메아리가
굴밤나무 잎새를 이렇게 떨구었을까.

참으로 연약함일까
막강한 바람 탓일까
저 올무의 기교였을까.
야릇한 생각으로 나뭇잎을 밟았다.

우리 집 현관에
일곱 식구들의 신발이
낙엽처럼 깔려 있다.
오늘따라 낙엽처럼 흩어져 있다.

매일 찾아가는 화봉산
신발 정리, 나의 소일꺼리
파란 잎새, 올무의 기교인가
도토리 결실할 때 다람쥐 밥 되었으면.

제4부

산행 길

산행 길

언제나 새해 첫 산행은
산도 좋고 먹거리도 즐기는
칠갑산을 찾는다.
눈길 걷는 발자국 소리
뽀드득 뽀드득 적막을 깨며
잠든 겨울을 놀라게 한다.

곳곳마다 시산제 지내는 모습
모두가 자연과 하나 됨을 소망한다.

고추 고을 청양을 지나
광활한 바닷가 천북에 도착하니
굴 굽는 냄새가 입맛을 돋운다.
산에는 눈길 골짝에는 얼음길
창공은 눈바람 언덕에는 봄 준비
향군산악회는 벌써 봄을 즐긴다.

* 2012년 2월 8일, 산행에서

간월암을 찾아서

그 옛날 원효대사의 흔적
그 무학 대사가 통달한 섬
여기가 연화대蓮花臺 피안彼岸의 세계
천혜의 선물 간월도 간월암看月庵

밤하늘의 별들이 쏟아지고
상어 이빨 포말소리 개벽의 소리
간월암 풍경소리 세상을 잠재우네.

태풍이 스쳐간 해안가에는
해송가지 외롭게 해풍에 춤추고
옛 얘기 속삭이는 돌담 따라
관광객 발자취가 요란만 하네.

태고의 정적靜寂 쌓인 섬
땅에는 산고 잉태한 바다
광복회 후손에게 고요를 안겨주네.

금오산 현월봉에

황금빛 까마귀 저녁놀과 노니더니
하늘의 신비 금오산金烏山 탄생했네.

대본산大本山을 남숭산南嵩山이라 이름 짓더니
우리나라 최초로 도립공원 되었네.

진달래 만발하여 상춘객 손을 잡고
기암절벽 대혜폭포 물소리에 쉬어가네.

금오산 최고봉에 초생 달 걸려서
976미터 정상을 현월봉懸月峰이라 했네.

땀방울 씻어주는 경상도 봄바람
한세상 이곳에서 쉬어간들 어떠랴.

산이 좋아 찾아온 테크노 산악인
영상의 현월봉 달과 함께 놀아보세.

설악산 흘림골

하늘 아래 위엄 갖춘 거룩한 몸이여
그대 이름 설악산 흘림골 찾았더니
국지성 폭우로 안개만 자욱하네.

사시사철 새 옷 입은 아름다운 임이여
그대 기다림에 비와 함께 찾아가니
폭우로 할퀴어진 아픈 상처 치유하며
부끄럼 숨기려고 성혈만 토해내네.

정상까지 1014미터 흘림골 등선대
철계단 인공미에 자연훼손 분노하나
기암괴석 칠 형제봉 보속하는 마음으로
고요한 안개 속에 침묵으로 기도하네.

여심폭포 용소폭포 선녀탕 낙수소리
굽이굽이 비의 탱고 춤추며 추억 엮어
시인의 가슴속에 메타포를 심어주네.

* 2010. 8. 26일(목), 탄마 산악회 산행

내연산內延山 추억

태풍이 지나간 내연산 계곡
골짝마다 물줄기가 산길을 삼켰네.

돌 쌓이고 나뭇잎 쌓이고
옛길은 물길 되고 물길은 돌만 쌓였네.

길 잃은 산행인 흰 구름 따라
물소리 리듬 따라 발길을 옮겼네.

쏟아 붓는 연산폭포 천지가 진동하고
세상만사 포말 되어 신의 말씀 전하네.

세상에 제일이란 나이야가라 폭포도
은유를 간직한 하늘의 소리.

신이 내린 선물 앞에 내연산 추억 담아
천상의 말을 새긴 자연인 되고 싶네.

선유계곡 물소리

바람도 춤추고 구름도 헤엄치는
화양계곡
선유동 계곡
속리산 발원發源 따라 물소리 요란하네.

하늘 뭉게구름 물속에는 피라미 떼
물밑에 다슬기
냇가에 물잠자리
천년을 자랑하는 느티나무 삼괴정三槐鼎

산유구곡仙遊九谷 명명하신 퇴계선생 상념으로
정에 겨운 버들가지
물장구치던 옛 동무
소금쟁이 등에 업혀 사라져 버렸네.

선유동 계곡 따라 신선이 놀던 곳
어제는 네가 오고
오늘은 내가 와서
한 점 구름이 되어 물소리 따라 흐르네.

성유굴 흔적

뚝 뚝 뚝
수억 년 세월에
떨어진 물방울
바위에 구멍을 뚫고 있다.

석순은 자라고
바위구멍은 커지는데
흘러간 삼십여 년
세월은
내 가슴에 흔적만 쌓았네.

어제는 아들 손
오늘은 손녀 손잡고
마린피아 울진에
성유굴
찾아온 삼대 가족들
왕피천 다슬기 추억만 쌓이네.

* 2011년 7월 3일에

한나절 산행 길

포근한 겨울 햇살
비행기 나는 소리에
내 마음 둥둥 바람이 들어
산행길 재촉하며 배낭 들고 나서네.

실바람 솔솔솔 봄노래 부르고
솔방울 주렁주렁 술안주 생각나네.

화봉산花峰山 정상은
한나절 산행 길
까마귀 부르는 소리 까치
반겨주는 동반자를 정상으로 인도하네.

겨울 산 숲속, 가랑잎 밑에 봄이 흐르고
가지 위에 청설모 산행 길 앞서네.

산막이 옛길

낭만의 '산막이 옛길' 산악회를 유혹하고 익어가는 벼이삭 고개 숙여 인사한다. 충북 괴산군 칠성면 외사리 새롭게 단장한 10리길, 추억을 엮는다.

산과 물 잔잔한 호수 괴산 댐 품속에 자연을 노래하는 시인의 향기 다채롭다. 소나무 출렁다리, 뜨거운 사랑 나눔 음향수 정사목, 하나인 내 조국 남북형제 연리목, 꼬리풀, 층층대, 금불초, 들꽃 산야, 옛 얘기 속삭이는 고인돌 역사, 탐스럽게 익어가는 사과 빛 사랑이여.

'편안하고 완만한 길' 외면하고 '힘들고 위험한 길' 택했던 등산길, 90도 석벽길 아찔한 산행, 등잔봉(450m) 정상, 능선 따라 천장봉까지, 칠성로 산막이 마을, 고요한 내 마음, 아름다운 괴산 산막이 옛길, 발자국에 추억 새겨 가슴에 담고 땀으로 얻는 건강, 행복한 산행 길….

* 정사목 : 뜨거운 사랑을 나누는 남녀의 모습의 나무(음양수)
* 연리목 : 뿌리가 하나에서 가지가 합쳐진 나무
* 2011년 9월 21일 〈향군산악회 산행〉

내장산 하루

산이 좋아 단풍을 찾아간 하루
내장산 단풍은 산악회의 편지.

고운 단풍, 신부의 얼굴 색동옷 저고리
겨울준비에 바쁜 숲속의 여인이여.

산행인은 단풍나무에 달려 있고
단풍잎은 산행인 가슴속에 파고든다.

염불소리 아련한 산울림 낙엽이 되어
비자나무 아래에서 술잔에 담았네.

일주문 벽련암 원적암 자연 관찰 길
단풍나무 가지마다 추억이 떨어지네.

* 2011.11.9일 산행 길에서

금정산

시간 되돌려, 옛날 되새기며
오솔길 솔밭 사이 발자취 찾아서
송화 가루 그림 밟고 옛 동산 올랐네.

산성 막걸리에 동래 파전
푸르름 바닷바람 솔향기 안주삼아
젬마와 마주앉아 추억을 마신다.

굴러간 솔방울
서있는 노송은 할 말이 많은데
산 너머 광안대교 수평선만 바라본다.

산 아래 빌딩숲
산위에 소나무 숲
고단봉 산성 길
옛꿈 새로워, 그대 찾아왔노라

* 2011년 5월 22일 동래 금정산에서

시문학 탐방

그렇게 울어대던 소쩍새는 어디 가고
질마재 마을에는 국화꽃만 심고 있네.

오색국화 꽃이 피면 가신 님 오시련가,
5천여 점 유품들이 님의 시 낭송하네.

고창 변산반도 선운사 동백꽃
오늘은 미당 시문학관, 님 따라 쉬고 있네.

해바라기 그림자 유월의 햇살은
문학인 가슴에 국화 씨 뿌려놓고

"한 송이 국화꽃을 피우기 위해"
미당을 추모하는 수많은 별들이
시문학 순례길 예술의 혼 찾아드네.

* 未堂 徐廷柱 詩文學館을 探訪하며

용두산 전망대

가는 구름 잡고 우뚝 솟은 전망대
흘러간 시간들과 밀회를 하네.
바람도 바다도 갈매기 돛단배도
은하수 다리 놓고 견우직녀 만나려나.
피난살이 모여 살던 판자 집 용두산
사십 계단 흔적마다 지금은 사라졌네.

등대 불 수평선도 멀어져 있고
용두산 언저리엔 동백꽃만 피어 있네.
아이스 케익 통 메고 외치던 소년
광복동 남포동 누비던 그 세월
용두산 바라보고 청운의 꿈 품더니
세월이 남겨준 시 한 편 간직했네.

모래알 같이 많은 사연 내려다보고
가는 사람 오는 사람 발걸음 잡고
한평생 영도다리 넘나들면서
오늘도 누굴 기다리는 용두산 전망대.

박무薄霧여! 눈을 열어다오

바다가 갯벌 안고 입 맞추는 곳,
갈매기 덩달아 노래하며 춤추고
영종교 건너며
그 모습 보려는데
박무는 야속하게 나의 눈 가리네.

배는 무의도로 향하는데
나는 버스 타고 버스는 배를 타고
바다가 열리는 간조 때 맞추어
실미도와 무의도 있는 곳으로
뭍에서 오는 손님,
소나무 반기는데
박무는 여기서도 나의 눈 가리네.

호룡곡산虎龍谷山 국사봉國史奉까지
땀 흘려 종주하며
북녘에는 연백평야, 장산곶까지
남녘에는 인천 앞바다 멀리 멀리
박무는 여기서도
나의 눈 가리네.

하늘이 내려앉은 서해 바다도
악의 세상 바라보는 마음의 눈에도
박무여!
햇빛을 초대하여 나의 눈 열어다오.

* 박무(薄霧) = 미세한 물방울이나 습한 흡습성 알맹이가 대기중에 부유한 현상 / 안개 종류
* 연백 평야 = 북한 대동강 줄기에 위치한, 평야
* 장산곶(長山串) = 황해도 서해 해주 쪽에 위치한 송림이 유명한 곳
* 산악인들, 서해 무의도에서 산행을 즐기며

길 따라 물길을 따라

길 따라 물 따라 칠성계곡 찾아드니
다람쥐 걷던 길 멧돼지 달리고
어제는 네가 가고, 오늘은 내가 가네.

물소리 바람소리 나뭇잎소리
길 잃은 매미들이
길 찾아 노래하네.

산행 길 발걸음 멈추니
옥녀탕 선녀들 무지개 깔아주네
땀방울 골짝마다 떨어져
낙수 물에 큰 바위 조각돌 되었네.

하늘이 내려주신 천혜의 칠선계곡
너와 내가 하나 되어 맑은 물 되어
길 따라 물길을 따라 찾아가네.

제5부
甲川을 거닐며

甲川을 거닐며

명지바람 속에
실 비단 안개 자욱한
갑천 둑을 거닌다.

꿈속 헤매는
물고기 가족
물살 가르는 물오리 한 쌍
바람에 스치는 발자국 소리에 놀란다.

갈대는 갈대대로
물살은 물길 따라
엑스포 아파트 불빛 따라 흐른다.

은하수 별자리
꼬리 물고 흐르는데
하늘 높이 안개 속 KTX 달린다.

아침햇살이 빛나는 희망을 열고
갑천 둑 거닐며
하루를 설계한다.

이슬방울

새벽길 갑천 둑은
이슬방울이 지천이다.

꿈속 헤매는 풀벌레
이슬방울 터지는 소리에
아침을 연다.

새 생명 탄생할 때
신비로운 세상
순수한 공간에 잠들어 있다.

대지의 품속에
스며드는 생명의 소리
가슴 설레는 시인의 소리.

눈뜨는 새벽의 풀잎,
초롱초롱 이슬 맺힐 때
그 사랑 노래한다.

하루가 시작되고
한 생명 사라지니
너는 나의 생명, 나는 너의 이슬방울

빗물 방울

봄이 오는 소리
물방울 터지는 소리

아롱대는 물방울
행여 터질까 봐
발걸음 살포시 옮겨 걷는다.

탱자나무 울타리가
귀걸이 달고
봄 처녀 맞으러 바빠진 너

수정 같은 눈물
자연의 빗방울
아침 여는 삼일절,
유관순의 넋

언덕에 서서

태산이 하늘을 지고 살아가듯
내 삶의 앞 푸른 초원
앞을 보고 헤쳐 가는
두 팔 있다는 것 고맙다.

지금은 별 볼일 없지만
세상을 잡아
꿈을 안고 부절不絶히 연속되나
하늘 아래 푸른 초원 밟고
살아간다는 것 즐겁다.

뼈가 사무쳐도 힘이 들어도 좋다
언덕에 서서
푸른 꿈을 꾸어보자,
하늘에 별 바라보는 것
내가 살아가는 하루의 일과이다.

창공에 뜬 별

축하의 노래 소리
하늘에 가득하니
기쁨은 일촌一寸이요
마음은 천근千斤이라

쏟아지는 별들처럼
그 빛 찬란하고
시인의 혼불 되어
하늘에 새가 되리

달빛 따라 햇빛 따라
창공에 뜬 별
새가 되어 날으리라.

새털같이 작은 새
자유롭게 비상하니
천사들 비파소리
사방으로 퍼진다.

빈 터

가슴에 세월이 쌓여
흐르는 시냇물에 씻겨 가네.

흔적만 가득한 넓은 빈터는
욕심도 부러움도 날개를 잃고
스쳐가는 바람이 잠시 머무는 사이
침묵만이 가득 빈터에 쌓이네.

하늘을 불태운 유월의 녹음도
태양이 기울면 붉은 옷 입고
물안개 흰 구름 칠십 성상에
석양의 낙조, 빈터에 가득하네.

손手

손에 손을 잡고
어깨동무하던 시절부터
역사를 이어주고 관계를 엮어주던
너와 나의 손을 바라본다.

봉사하는 손,
구걸하는 손,
농사짓는 손,
글을 쓰는 손,
기도하는 손,
성체를 받아 모시는 손,
사랑을 나누는 손,
평화 조약을 맺는 손,

열 손가락을 가진
나의 손을 바라보고
내 마음 나의 손에 머문다.
내 얼굴
나의 손바닥에 비친다.

손가락이 길면 게으른 사람
손가락이 짧으면 부지런한 사람
손바닥 백과사전 하느님 선물
나의 손거울에 세상이 비친다.

세상에 가장 아름다운 손,
부끄럼 없이 내민 손,
손과 손이 성체 앞에 멈춘다.

세월 속에서

결국 세월 앞에서 무릎을 꿇었다. 칠십 고개 넘으며 무릎을 꿇었다. 세월 앞에서는 장사가 없다는 말이 실감났다. 둘이나 셋만 모이면 건강에 대한 얘기, 나는 아직까지 귀담아 들어보질 않았다. 그런데 왜, 귀가 쫑긋 해질까….

어느 약이 어디에 좋고, 어느 병원이 더 유명하다는 것이 귀담아 들어 온다. 혈압, 전립선, 협착통증, 하루에 3가지 약 복용신세, 역시 세월 앞에서는 장사가 없다. 아무도 거역하지 못한 세월, 그대로 받아들여야 할 세월, 이젠 나에게도 그 시간이 오나보다.

조용히 그대로 받아들이자. 무상한 세월이 나를 조여들어도, 자꾸만 세월이 나를 변화시켜도, 평생 즐겼던 산행을 못해도, 가장 고운 님으로 받아들이면서, 당신이 주신 고통, 당신의 선물임을, 세월 앞에서 고맙게 받아들이자.

* 2011년 12월 20일 물리치료를 받으면서.

우리네 정情

밥상을 받고 보니 생각이 난다.
반주삼아 한잔 술 생각이 난다.
감지感知한 그이는 살며시 일어나
주전자 챙겨들고 밖으로 나간다.

뒷모습 바라보며 생각에 잠겨
애잔한 정 느껴 두 손 모은다.
막걸리 한잔에 마음이 녹아 흘러
산이 높아지고 강물이 깊어진다.

목사님께 시집가고 싶다던 마음
결혼 오십 주년 바라보면서
투정하며 정이 들고 침묵에 정이 쌓여
오늘따라 받은 밥상 가벼워졌다.

정든 손 잡고 황혼 길 걸어가며
어머니 모습 따라 아버지 걷던 길
훌훌 옷 벗어 던지고 그 길을 걸어간다.
추억을 안주삼아 막걸리 마시면서….

금메달

참으로 장하다.
그 이름, 태극천사들
백두산 정기 받은 그 이름 그 의지
세상이 놀라고 하늘도 웃음 짓네.

우리 어머니
기도소리 하늘에 이르니
그 소원 스피드 스케이팅, 왕관
조상님께 하느님께 감사드리네.

하늘에 포효하는
경인년 한국의 역사
천지가 진동하는 호랑이 소리
온 세상 만물들 벤쿠버에 집중하네.

큰 꿈 이루었네.
그 영광, 우리들의 승리
선후배 초월한 신비로운 힘
조국의 금메달 영원한 영광이네.

인호印號*

거울 속에 한 남자가 있다
그는 인호가 찍힌 남자
보면 볼수록 많이 닮은 남자다.

어제는 그와 같았고 오늘은 나와 같다. 어제는 그분의 마음 같았고, 오늘은 내 마음 같은 분. 시시각각 볼 때마다 다른 생각, 다시 보면 볼 때마다 같은 생각, 하나이면서 둘이었고, 둘이면서 하나인 뜻. 오직 그 모습 하나로 살아가는 목적으로, 그분을 중심에 모시고 배움을 기쁨으로, 건강을 근면으로, 작은 자의 모습으로, 겸손을 생활로, 둘이면서 하나의 목적으로.

거울 속에 그 남자는
둘이면서 하나의 모습으로
인호가 찍혀 있다.

* 인호 : 소멸 되지 않는 하느님의 은총의 도장(印章)

미완성未完成

팔자가 좋다.
팔자가 너무 좋아서
팔자가 많이 든 전화번호를 택했다.

신수身手가 훤하면
팔자가 좋다고 하고
팔등신八等身이 되면
미인美人이라고 부러워한다.

팔자가 좋아서 산행이 즐겁고
팔자가 좋아서 정상을 잘 오른다.
자유로이 달려도 팔부능선 인생길
팔자는 바람을 안고 춤을 춘다.

팔자(8자)를 좋아해서
긴 겨울 지나며
봄의 기다림
오뚜기 팔자도 팔자 탓일까.

내 탓도 네 탓도
팔자 탓도 아닌
누구의 신세인지
그래도 팔자는 미완성 신세.

부산역 광장

그대 넓은 마음
하늘 같은 마음
4.19, 5.16 생사를 가늠해도
말없이 받아 안은 겸손한 어머니.

부산항 부두에 오가는 무역선
대전 발 0시 50분 국수 한 그릇
간이역 청도에 내 배 사라는 소리
창문 위에 손목시계 날치기 당한 시절
애환을 간직한 역사의 순간들.

오늘도 여행 손님 더 많이 분주한데
분수대 물줄기는
오색무지개 다리 놓아
손님을 부르네,
쉬어가라 손짓하네.

이별의 슬픔도 만남의 기쁨도
당신의 마음속에
간직한 광장

부산역 청사는 그 곳 그 자리인데
나는 왜 새롭게 눈이 번쩍일까,

비둘기
한가롭게 옛 얘기 속삭이네.

* 2011.5.22일 부산 역전 분수대 앞에서

시장 바닥에서

오고가는 사람들의 발자국 소리
시장은 요란하다.

무슨 일들이 그렇게 많은지
그래도 부딪히는 일 없이 물 흐르듯 자유롭다.
물건을 파는 사람 물건을 사는 사람
손님을 부르는 소리 가격 흥정하는 소리
모두가 부산하다.
골목마다 물건과 사람들 인산인해 이루고
온 종일 불개미처럼 그 속에서 분주하다
고구마 고추 애호박 몇 개 놓고
주름진 할머니 시름없이 앉아있고
좁은 길모퉁이에 떡볶이 아줌마
간판 덕에 잔 손길 불티나 바빠진다.
우아한 자태 귀부인 나타나면
귀금속 주인 눈길이 반짝인다.
아동복 가게 앞에도 언제나 붐빈다.

물건을 파는 사람, 이 사람이나 저 사람
자식새끼 뒷바라지에 주름살이 깊어진다,

개미 쳇바퀴 돌 듯,
오늘도 내일도 이 자리를 지키며
시장바닥에 인생을 투자하고 살아가는,
아, 나의 형제여, 나의 조국이여.

* 2010. 10. 9. 범일동 시장에서

향수鄕愁에 젖어

세속을 떠난
한 마리 파랑새
자유롭게 비상하는
날개를 달고
내 고향 부산항
바다 위를 난다.

애잔한 수평선
오륙도 등대 불
끝없이 드나드는
콘테이너 선박들
섬마을 동백꽃
붉게 피어 손짓하네.

하늘도 바람도
마음도 푸르른데,
파도 따라 구름 따라
향수에 젖은 마음
흰 갈매기 바라보는
세월은 어디 가고
흰 머리만 나부끼나.

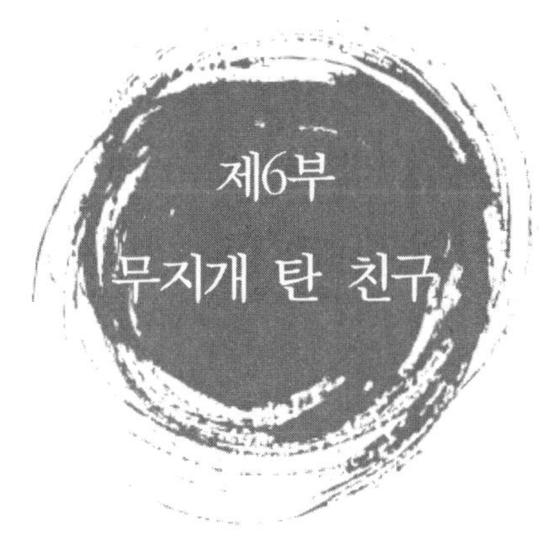

제6부

무지개 탄 친구

무지개 탄 친구

시가 좋아서 시를 습작하고
시가 좋아서 시를 노래하다가
바로 시가 되어 떠난 친구여.

가야 할 하늘나라 날개도 없이
산을 넘고 강 건너 장벽을 넘어
휠체어도 타지 않고 떠난 친구여.

바람 타고 갔을까 구름 타고 갔을까.
목발도 지팡이도 날개도 없이
아름다운 꿈나라로 떠난 친구여.

유유히 놀고 있는 금붕어만 남겨두고
봄이면 돌아올까, 하늘에서 만날까?
탑정호수 무지개 타고 떠난 친구여.

* 범관 서만석 학우가 천상낙원을 향하여 떠났습니다. 대전 한밭대학교 실용 문예창작반 학생으로서 야외 강의를 듣기 위하여 탑정호수 옆 정원에서 김소월의 시를 공부하던 중 그 자리에서 쓰러져 숨을 거두었습니다. 〈2009년 4월 23일 오전 12시〉

성환 공원묘지

하늘이 흘리는 눈물 봄비가 되어
떠나는 님 꽃밭에 애틋이 뿌리더니
꽃향기 신앙되어 온 누리에 퍼지네.

천사와 손잡고 기도하는 영혼들
무거운 침묵만 흐르는 성환 성지
까마귀 노래 소리에 가슴 메인다.

하루아침 한나절도 알지 못하고
해는 지고 새가 우는 인생 여정에
오늘은 님이 가고 내일은 내가 가리.

밤도 없고 낮도 없는 무한한 세월
등불도 햇빛도 필요 없는 세상
영원무궁 하느님과 함께 사시옵소서.

* 2010년 2월 8일 (월요일)
* 송희선(안토니오)님! 성환 공원묘지에 안장하면서….

춤추는 영혼

불러도 찾아봐도 보이지 않은
님의 소리 님의 모습
바람 같은 님이여.

이름 모른 야생화 웃음꽃 피고
새소리 즐거움에 나뭇잎 춤추는
순교자 머리 위에 구름도 쉬어가네.

망나니 칼 아래 쓰러진 님이여,
장하다 순교자 천상의 왕관이여
야생화 꽃이 되어 성지마다 피었네.

성거산 자락에 천상잔치 펼치시어
비파소리 장단 맞추어 춤추는 영혼들
순교정신 꽃씨를 가슴마다 심으소서.

평화롭게 자유로이 훨훨 나르시어
내세에서 못다 한 일 주님 이름 펼치소서.

순직한 님이여

창밖의 나무마다
진초록 군복 입고
폭군 세력 막으려고
보초를 섰다.

무력한 총칼 들고
지키면 무얼 해
무참히 희생된 꽃잎
힘없이 빗물에 떠내려간다.

누가 그 은혜 보답하랴
누가 그 목숨 책임지랴
꽃다운 청춘
아름다운 생애를,

봄은 다시 오련만
꽃도 다시 피련만
나뭇잎은 푸른데
그대는 떠나가고
봄비 내리는 오후.

답답한 가슴 적시며
행여 님 올까,
창문을 연다.

* 연평도 천안함의 슬픔

천호성지天呼聖地

잔치잔치 벌렸네, 천상잔치 벌렸네.
그 님의 목소리 하늘 천天 부를 호呼
하늘에는 수호천사 땅에서는 순례자들
잘 익은 황금빛 술독마다 넘치네.

그대 찾는 손님 관광일까 순례일까?
도토리 먹이 찾아 달리는 다람쥐
순교자 모습 따라 합장하는 순례자
한결같이 비쳐주는 태양의 빛이여.

오천 명의 기적도, 천호성지도
어제와 오늘이 만나는 이곳.
해지는 그 곳과 해 뜨는 이 곳
순교자 무덤가 국화꽃 향기롭네.

* 2011년 10월 9일(일) 〈글라라 형제회 천호성지 순례〉

성거산 성지

밤도 없고 낮도 없는
님이 잠든 곳
풀 한 포기 꽃 한 잎마다
순교의 넋이 숨 쉬고 있네.

보려도 보이지 않고
잡아도 잡히지 않는
님의 모습들
순례자를 인도하는 꽃이여!

봄이면 새순 움터 오르고
겨울에 수도복 입는 야생화
침묵으로
새들과 대화를 나누시네.

이제 한줌의 흙으로
그 생명의 꽃으로
영원한 그 향기를 머금은
우리들의 성거산 성지!

피정하던 날

냇가에 물길 따라 찾아간 그곳은
대둔산 수락계곡 유럽식 별장,
백구 세 마리가 손님맞이 분주하다.

한해를 마무리하는 장상들의 모임은
별들과 속삭이며 깊은 밤 지새운다.

밤새 내린 찬 서리, 아침 햇살 반짝이고
창밖에 소나무 가지 위에 앉은 새
새벽 기도하라고 성가를 불러주네.

창공을 나는 새, 창살 안의 세인들
창공에 파랑새 찬미노래 불러주네.

동쪽 창문 열고서 아침 공기 마시며
피정에 갇힌 마음 자유인 되어서
천사의 날개 달고 훨훨 날아가려네.

무명 폭포

아무도 불러주지 않는 너
무명의 순교자들
이름이 없는 폭포
오늘도 외롭게 노래하네.

거룩한 성거산 정상
생명의 발원지
성혈의 물이여
영원히 마르지 않으리라.

밤이면 달과 별들과
낮이면 찬미가를
생명의 물 마시며
순교자와 함께 노래 부르네.

아름답고 신비로운 폭포
오직 하나뿐인 너
그 이름, '아오' 라고
나는 너에게 명명하겠네.

* 2011년 8월12/13일 성거산 성지피정, 아침 산책길에서

금자탑의 잔해

오늘 악몽이 꿈틀거린다.
십년이면 강산도 변한다는데
십여 년 전에 스쳐간 IMF의 상처
그 누가 던진 돌이 비수가 되어
아름다웠던 금자탑이 포말이 되고
잠잠했던 내 가슴에 파도가 친다.

오륙도 옛 모습 멀리서 바라보니
오늘도 그 자리, 그 자태 넉넉한데
유유히 날고 있는 갈매기 외롭고
파도에 부서진 암벽 사이의 상처
새겨진 흔적 내 마음에 사무치네.

레일 타고 기차는 소리 없이 달리는데
잔해로 남은 파도 내 마음 요란하고
무너진 세월 싣고 기차는 달린다.
사십 계단 판자 집 그 세월 그 모습
해운대 팔십층 아파트 세상은 변했는데
지난 세월 금자탑은 그림자만 남겼네.

* 2012년 2월 6일 부산에서

第93회 3.1절

태극기 앞에서 가슴에 손을 얹고 묵념할 때 온몸에 전율이 흐른다. 순국선열의 거룩한 열정이 나의 온 마음을 불사른다. 이곳 생존자 다섯 명 중 정완진(85세) 애국지사 한 분만 참석하시어 독립선언문을 낭독하시니, 참석하신 광복회원의 가슴은 더욱 뜨거워졌다.

염홍철 시장님의 기념사는 93주년 3.1절 행사를 장엄하게 장식하고 33번 타종은 호국영령들의 만세삼창으로 온 누리에 퍼져나갔다.

어제와 오늘을 생각하고, 남과 북을 상기하며, 삶과 죽음의 통교에서 하늘과 땅 사이를 좁혀 너와 내가 하나 되어 무궁화꽃 피게 하소서. 이 나라의 자손이며 이 나라의 광복회원으로, 자자손손 등불이 되어 이 땅에 선구자로, 지금 이 시간, 이 자리에 서있음에 자부심을 느낀다.

* 2012년 3월 1일 기념식에서

포루치운 쿨라

나는 보았노라. '바람아 오라' 하니 바람이 불고, '구름아 가라' 하니 구름이 흩어집니다. '빛이여 오라' 하니 장대 같은 빗줄기가 멈추고 해가 떠오릅니다. 잠자리가 날고, 강남제비 비상합니다. 햇빛이 검은 구름 날려 보내니, 레오나르도 신부님의 강론이 산청 골짜기에 넘쳐흐릅니다. 평화의 선이 한마음으로 불러주고, 프란치스칸들은 은사恩賜를 갈망합니다. 평화를 갈망하고 평화의 사도가 되어 평화를 전하는 프란치스칸 가족이 됩니다. 회개와 일치, 평화의 비가 내립니다. 하늘에서 하느님이 오셨습니다. 빗줄기의 모습으로 오셨습니다. 포루치운 축제를 위하여 우리 사부 성프란치스코와 함께 평화의 사도가 평화를 위하여 우천 중에도 님의 모습을 바라봅니다. 이 모든 기적이 하느님의 뜻이요, 간절한 프란치스칸들의 기도입니다.

* 포루치운 쿨라 : 이태리 아씨시에 있는 소 성당(천사들의 복된 동정마리아) 교황 호노리오 3세께서 세라핌 수도 가족 모두는 전대사인 축성을 기념하는 성당을 경축한다.

흰 수염 내밀고

콩. 깨. 고구마 심은 가장 자리에
비바람 울타리 되어
흰 수염 내밀고 가을을 부른다.

찌는 듯 폭염에 소낙비까지
즐겨 새기며 자라난 옥수수밭
푸른 잎에 쌓인 수염 선비 모습 닮았네.

흰 수염 위엄 갖춘 할아버지 생각
청빈으로 한세상 살던 그 시절
알알이 익어가는 밭두렁 살피셨네.

슬피 우는 매미소리 밤송이 익어가고
보라색 꽃잎 위에 흰 나비 한 마리
풍요로운 결실 앞에 흰 수염 쓰다듬네.

깻잎을 따며

깻잎 속에 싸인 생각
어머니 사랑
한평생 일궈 놓은 작은 텃밭에
한 잎 두 잎 따온 깻잎

한 줄기 두 잎씩 돋아 오르고
두 잎 사이 또 두 잎
양팔에 아들딸 품은 어머니
하늘만 바라보고
살아온 세월
푸른 잎 커가는 재미에
자식 자랑하시던 어머니

깻잎을 따서 된장독에
장아찌 담고 들기름 짜서
아들 딸 학비에 보태던 시절
깻잎 속의 그 향기
가족 사랑이 오늘 새삼 그립다.

이대로 여기 살리라

이대로 살리라 영원이 살리라, 죽어도 살아도 이대로 이어라. 이 좋은 세상 님과 함께 살리라. 천국이 어디며 극락은 어디더냐. 내 마음 깊은 곳에 함께 있는 님이여, 오늘도 손잡고 순례길 떠나리라.

이대로 살리라 영원이 살리라. 햇빛도 따스하고 달빛도 신비로워, 아름다운 세상 그 향기에 취했어라!

행복인들 어떠랴 불행인들 어떠하랴. 님 따라 살고파라 사랑이신 님이여. 이대로 살리라 영원이 살리라. 님이 오시는 날 종말이 되는 날 성찬의 전례도, 밀떡을 바라봄도, 오늘도 내일도 없는 하늘에 살리라.

등단 소식

낮이 짧고 밤이 긴 동짓달
습작길 터널을 지날 때
천사의 목소리 종을 울린다.

창공 햇빛에 정든 세상
훨훨 자유롭게 하늘 끝까지
독수리 한 마리 날아든다.

눈송이 쌓인 서재 창가에
어둠 밝히는 여명
시인의 가슴에 살포시 안긴다.

자랑스레 뿌리내린 등단 소식에
두 손 모두 바빠진 문인의 길
아, 나는 누구인가.

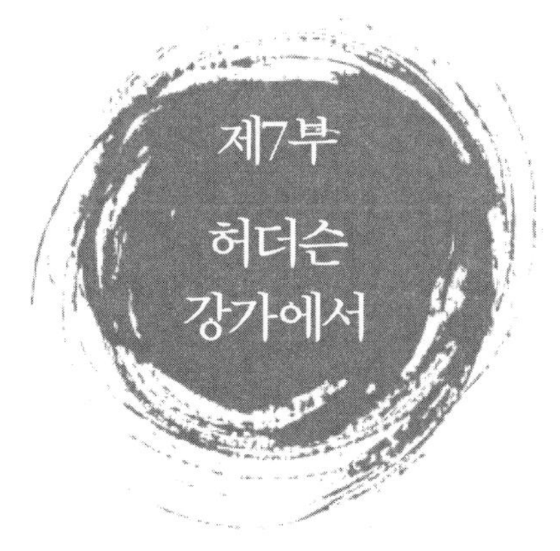

제7부

허더슨 강가에서

천섬(1000 Island)

빈 쟁반 위에 옥이 구르듯,
최고의 아름다움을 간직한
신의 작품이 호수 위에 떠있네.

세인트로렌스 강 위의 수많은 섬들
자연과 인간이 만들어낸 최고의 작품
천혜의 명소 캐나다의 자랑.

자연의 신비 1864개의 섬들
한 많은 세월에 전설을 간직한
그 이름은 "조용한 영혼의 마당"

7백 개의 작은 다리
국경을 이어주는 표지의 다리
천섬은 볼트의 가족사랑
천섬은 애틋한 아내사랑.

허더슨 강가에서

미합중국을 탄생시킨 허더슨 강
세계 속의 수도 맨하탄을 품고 있다.

어머니의 표상인 자유의 여신상은
평화의 횃불 들고 손님을 맞는구나.

맨하탄의 도시는 천의 얼굴이라
워싱턴 브릿지는 강물을 가로질렀다.

물보라, 무지개, 어떤 색이 다를까
물속에 노는 고기 이름조차 다를까.

기적의 한강, 침묵의 대동강을
허더슨 강가에서 가슴에 새긴다.

천둥의 울음소리

하늘에는 고운 무지개
땅에는 폭포 나이아가라
물줄기 천둥소리 오케스트라.

끝없이 품어 내는 생명의 젖줄
천지를 뒤흔드는 천둥의 비파소리
물방울 웃음소리 포말 되어 퍼지네.

물안개 베일, 옷 벗어 버리면
자꾸만 작아지는 마음의 소리
이것이 천국의 그림이구나.

양국 간의 정지선 한줄기 물방울
아름다움의 극치, 신의 선물인가?

구채구九寨溝* 비경

내 그대 찾아 왔노라
신비로운 그대를,
하늘을 날고 고원지대 걸어서
소수민족 아홉 마을, 풍경 찾아 왔노라

저 만년설의 모자 밑에
민들레꽃 곱게 달고
3천5백 미터 폭포에서 떨어지는 물 위에
춤추는 물새 한 쌍 가슴에 달고
함박웃음 짓는 물빛 그대여,
오, 아름다워라.
락일랑폭포, 오화해폭포,
수정폭포, 진주탄폭포, 공작해폭포,
수정 같은 거울 속에 그대 모습 절색이네.

천혜의 선물 앞에 천심을 간직하고
그대 아름다움에 감탄했노라.
고산지대에 밭 갈고 씨 뿌려서
님 따라 세월 따라 살아온 사람들
고원에 목축농원 들소와 양떼들

물길 따라 양떼 따라 살아온 장족들

그대 찾아 내가 왔노라.
40여 개 호수에 오색물빛 그대를.

* 구채구 : 중국 사천성 성도 고원지대 소수민족 9개의 티베트 마을
* 장족 : 소수민족 티베트 사람들

낙일랑諾日郎 폭포

참으로 귀한 축복의 물
거룩한 성수를 품어내는 호수
오색찬란한 무지개 폭포

눈 덮힌 만년설의 젖줄
티베트인의 신무기
낙일랑 폭포의 물줄기가
중국인의 생명선 되리라.

녹색 바람
녹색 물 되고
녹색 산
녹색나무 심어
소수민족 장족藏族 마을 이루고
깐깐주杆杆酒 전통술 독립선언문
미래의 꿈 넘치는 초몰랑마 티베트.

* 낙일랑 폭포 : 중국 사천성/ 성도/ 구채구에 있는 폭포
* 장족 : 중국 고산지대에 사는 티베트족
* 초몰랑마 : 눈의 고장이란 티베트 말
* 히말리아 산을 성스러운 어머니라고 부른다

대청댐大淸 dam 나들이

하늘이 내려주신 천혜의 선물
크고 맑은 물이라 대청 호수였던가.
하늘과 땅 호수가 한 몸이 되어
물고기 푸른 바람 호수되었네.

4대강 통합개발 다목적 댐 만들어
나무계단 꾸며놓고 대나무 울 삼아
한 계단 한 계단 인생고개 넘을 때
한 많은 칠십 성상 추억삼아 회고하네.

청명한 날 새봄맞이 대청댐 거닐 때
카나다 쎄인트로랜스 호수에 떠있는 천섬
혹가이도 아캉코 호수에 마리모 모습 떠올라
내 마음 청둥오리처럼 자유롭게 떠다니네.

장수군 신무산에서 발원한 금강의 물줄기
능수버들 늘어진 가지 호수 닮아 파란 눈
하늘 바람 따라 개나리 움 트고
생명의 젖줄 나의 어머니, 대청호 댐이여….

암남공원 바닷가

바람이
가슴을 스친다.
보아도 보이지 않고
잡아도 잡히지 않은
바람은 나의 님, 느낌이어라.

봄이면 앙상한 님으로
여름에는 옷 벗기고
가을엔 낙엽 따라
겨울이면 떠나는 님.

바람은 바다를 멍 들여 놓고
바람은 숲속 나뭇가지와 춤춘다.
동백꽃 향기 봄 바람 타고
바다에 입 맞춘다.

바람은
출렁이는 바다로
시인의 마음을 안내한다.

목욕탕

목욕탕은 조각품 전시장인가. 참으로 묘한 작품들에 눈길이 오간다. 무엇이 좋은 건지, 무엇이 잘못 만든 작품인지, 그만이 알아보는 신비의 세계.

침엽수 솔잎 속에 탐스런 송이버섯, 비만인 어린아이 콩알만한 작은 점, 유다 민족처럼 할례가 필요할까? 늙은이나 젊은이 어린 아이까지도 옷 벗고 들어서면 하나같이 전시품, 겉은 같으나 속은 달리 만드신 분, 빈손으로 왔다가 빈손으로 가게 하네.

탐욕과 사악으로 가득 찬 이 세상, 어둠 행실 벗어버리고 차라리 목욕탕 물 속으로 들어왔으면, 온탕 물 냉탕 물 오고 가면서 마음에 묻은 때 씻어버리고, 빛의 갑옷 입지나 않을까….

새만금 방조제를 보며

창조된 세상을 인간이 재생시켜
엄청스런 역사를 만들어 놓았다.
인간의 능력을 시험하려는지
새만금 방조제는 사람의 힘이었다.

수많은 생태계가 파손되고
수많은 자금이 투자되고
수많은 인원이 동원되어
인간의 지식과 노동력을 제물로 삼아
세계의 으뜸으로 만들었다.

바다가 육지로 변하고
바다의 생명들이 육지를 원망하며
육지의 생태계가 생존을 잃어가니
어느 것을 잃었고
무엇을 얻었는지
세상을 창조하신 그분 앞에 무어라 말하랴.

서해안 지도를 바꾸어놓은 역사
군산에서 부안까지 33.9Km

세계에서 제일 긴 둑을 쌓았으니
서울의 2/3 만큼이나 큰 육지를 만들고
경제의 중심도시
종합녹색도시로 발전시킨다 했지.

인간의 욕심은 수평선을 뛰어 넘고
하늘까지 쌓아올린 에펠탑은 어떠했나.
자연의 순리에 순응하고
끝없는 욕망을 벗어 버려
등 따시고 배부르면 세상 제일이 아닐까?

생각나는 문경새재

붉은 지붕 시골마을 생각이 난다.
몸뻬 바지 아줌마 생각이 난다.

담 아래 단감나무 보고만 있을까,
닭장 안에 토종닭 바라만 볼까,
남새밭 무, 배추 그대로 둘까,
몸뻬 바지 아줌마 손님접대 바쁠까.

삼강 물 나루터에 억새풀 춤추고
막걸리 장단에 주모 손길 분주하다.

두 하늘 지고 사는 탄광광부 생활 모습
인간살이 고해라고 그 누가 말했던가
오늘도 닭 우는 소리에
아침이 열리는데……

모노레일 카, 타고 오른 무지개 정상
"자명고" 영화세트 주인공이 된다.

바람風아

잔잔한 강물 위에 솜구름 바람아
봄바람인가 꽃바람인가,
찰랑이는 물결 비단잉어 비늘인가.

평화로운 바람은 누구의 힘일까
사나운 폭풍은 누구의 장난일까
바람 부는 대로
바람 흐르는 대로 살아가야 할까.

한겨울에 한 잎 달린 나뭇잎도
행여 떨어질까 가슴 안고 춤을 추는
바람아, 나뭇잎과 같은 바람아.

자아의 신화를 찾아가는 꿈을 안고
바람 따라 흘러가는 강물도
잡아도 잡히지 않고
보아도 보이지 않는 바람아

나는 너를 품었노라,
아, 나의 영혼아, 나는 너의 바람이다.

명함 한 장

친구를 사귀고 이웃을 나누는 마음의 전달자, 명함 한 장에 정을 담는다. 아, 누구이시군요. 네, 저는 명함이 없습니다. 웃지 못할 세상…!

백수가 허수아비인가, 스스로 허수아비 자칭하는가, 지난날 금잔디가 세월을 잊었는가, 남은 생 물소리만 요란해야 될 것인까, 바람 소리에 휘날리는 외로운 갈대이런가.

세상은 아무도 모르는 황무지, 하나 둘 새겨가며 살아가는 인생, 작은 새싹 푸른 나무 되어서 황금빛 낙엽이 황혼에 비칠 때, 명함 한 장 새겨서 사랑 나눔 어떠할까?

살아있는 증표요, 생후 비석이어라.
인생은 한편의 시詩 영원한 정체성이어라.

신묘년辛卯年 새해

하늘에는 하느님께 영광
땅에서는 우리에게 평화
해님이 어둠을 몰아내고
겸손과 진실이 사랑받는 세상

선구자는 하늘의 소리를 듣고
예언자는 형상을 그려내는 지혜
석양 노을도 새해의 햇빛도
신묘년 새해에는 '소문만복래'

백설이 쌓이고 새싹이 솟아도
비오는 여름도 금빛은 결실인데
이 세상 고해라고 누가 말했던가,
신묘년 한해는 축복만 받아라.

우리의 여로旅路

사람과 사람 사이를 인간이라 했기에
인간은 역시 유한한 형상일 뿐,

잘하고 잘 못한 것들 사이에서
가슴을 치는 사람, 회개하는 사람

분노 흥분 충격의 파도가
가슴에 흘러 넘칠 때면
창조의 섭리를 되새겨 본다.

선과 악이 공존하는 세상
손익이 공존하는 세속에서
목청 높여 살아본들 무엇하랴.

인간은 역시 인간일 뿐
남의 가슴에 못은 박지 말아야지
겸손과 포옹이 인생여로 길잡이인 것을.

성모님께 바치는 기도

사랑하올 어머니!
5월은 어머니의 달입니다.
5월의 장미꽃
푸른 꿈 가득히 피어납니다.

무수한 별들이 반짝이는 이 밤
피땀의 결정체
장미꽃 향기가 퍼져 납니다.

이 밤을 장식한 붉은 장미꽃
별들의 자리가 되었습니다.

울 넘어 곱게 핀 장미꽃
어머니 모습으로 젖어 듭니다.
무수한 별들과 아름다운 장미꽃
온갖 선과 온갖 은총으로
가득 찬 이 밤에
저희들은 너무나 행복합니다.

감미로우시고

아름다운 하느님의 어머니!
사랑이 부족한 저희들에게도

은혜로운 이 밤
영원히 간직하게 하소서.

사랑의 여왕이시어
하늘의 성전이신 동정마리아여,
우리 가정의 모상이신 천상 어머니
어머니의 사랑이 5월의 꽃이 되어
그 향기 저희 가슴에 퍼져나게 하소서.

땅과 하늘이 통교하는 이 밤
하늘의 천사들이여 성인성녀의 넋이여,
부족한 저희들의
믿음을 성숙하게 하소서.

복음의 손으로 저희를 끌어주시는
본당 신부님과 수녀님에게도
끝없는 사랑으로 감싸주시어

영육 간의 건강과 기쁨을 안겨주소서.

또한, 있는 듯 없는 듯
꼭 필요한 자리에서.
헌신적으로 살아가는
본당 봉사자들에게도
사랑의 열매를 맺게 하소서.

특히, 세속에 억매어
고통을 받고 있는 이들과
북한 형제자매들에게도
성모님의 사랑이 전파되게 하시고
복음의 장미꽃
향기가 퍼져나게 하소서.

매년
맞이하는 성모성월이지만
오늘따라 별들은 더욱 빛납니다.
사랑이신 어머니!
당신이 낳아 기르신 주님과 같이

우리도 행복에 넘쳐
기쁨에 겨워, 정성을 모아
여기 장미꽃 한 다발을
성모님 대전에 바쳐 드립니다.

* 2012년 5월 25일(금) 전민동 본당, 성모성월에 바치는 글.

◆작품해설◆

신앙의 순수성과 모성의 아름다움
– 김영우 시인의 시세계

문학평론가 **리 헌 석**
(사) 문학사랑협의회 이사장

1. 김영우 시인에 대하여

김영우 시인은 고향인 경상남도 함양에서 초등학교와 중학교를 졸업하고 부산으로 진출한다. 주경야독(晝耕夜讀)으로 동아대학교 경영학과 2년을 수료한다. 그는 군(軍)에서 맺은 인연으로 영세를 받아 가톨릭에 귀의한다. 이를 계기로 그의 내면은 성령(聖靈)이 충만하게 되어, 가톨릭 신앙의 '머릿돌'이 되고자 성심을 다한다.

그로 인해 사업이 번창하게 되고, 사회에 대한 봉사활동에도 앞장서게 된다. 그의 수필 「꿈을 더듬어 부산으로」에서 〈나에게는 부산이 제2의 고향이다. 향학열에 불타 배움의 길을 찾아 헤매던 그 시절. 남보다 더 잘 살아보겠다고 분투노력했던 일들〉을 추억한다. 이에 따르면 그는 〈이름 없이 태어난 꽃〉과 같았으며, 〈아무도 찾지 않〉는 존재여서 〈외로운 가슴〉을 지니고 살았지만, 신앙에 의하여 삶의 〈향기〉를 지니게 된 것으로 진술하고 있다.

이름 없이 태어난 들꽃
혼자 외로워
봄바람도 수줍어하는데
아침 햇살이 웃음 짓는다.

아무도 찾는 이 없으나
맑은 하늘은
은혜로운 비를 내리고
외로운 가슴에 향기를 심는다.

밤낮 노래하는 네가 있어
언제나 산이 푸르고
새들이 노래할 때
나는 초록의 시를 읊는다.

—「야생화」 전문

특히 〈티끌 모아 태산 되어 국제시장 창선상가 번영회를 활성화시키던 일〉과 함께 국제라이온스협회 309-B지구의 5역으로 임무를 수행하며 〈부산 라이온스 클럽 봉사자로 22년 동안 사랑을 나누었던 시절〉을 회상한다. 또한 신앙생활에도 충실하여, 〈부산 교구 사목 봉사자로 선교활동에 심혈을 기울였던 때〉가 엊그제 같다고 한다.

김영우 시인은 부산에서 〈36년간 사업을 하면서 동분서주 반평생〉을 보낸다. 그러던 중 〈벼락같은 IMF가 닥쳐와 새 시대에 적응하지 못하고 결국은 사업을 정리할 수밖에 없었던 체험〉이 그의 마음을 아프게 한다. 이와 같은 심적 고통을 극복한 그는 하느님의 〈오묘한 사랑의 섭리〉로 부산을 떠나 〈대전에 정착〉하게 된다. 현재 장남과 함께 10여 년간 대전에서 살고 있다.

인생의 황혼기에 그는 새롭게 거듭난다. 다사다난했던 삶의 여정을 정리하고, 자신을 깊이 성찰하기 위하여 문학 창작의 길에 나선다. 한밭대학교 사회교육원 실용문학 창작과정에 입교하면서 문학과 새로운 인연을 맺는다. 『시사문단』에 시와 수필을 응모하여 등단한다. 이후 성실하게 작품을 빚어 2011년에 수필집 『아내의 십자수』를 발간하고, 이어서 2012년에 첫 시집을 발간하기에 이른다.

2. 신앙의 순정성에 대하여

김영우 시인의 시(詩)는 가톨릭 신앙이 바탕을 이룬다. 이 바탕에서 꽃이 피고 열매를 맺는데, 이 또한 신앙으로 귀결된다. 가톨릭 신앙의 특징이기도 하지만, 그의 신앙에는 성모가 임재(臨齋)한다. '주님'을 잉태하고 양육한 성모(聖母)에 대한 경모(敬慕)가 중심을 이룬다. 자연 현상마저도 '천상 어머니'에 대한 경모와 함께 독자적 해석을 한다.

오월은 우리 성모의 달
붉은 장미꽃 한 다발을
성모님의 대전에 바칩니다.

연초록 가지마다

성심의 얼굴 내밀고
진한 향수처럼 사랑 가득한
천상의 모후 성모마리아여!

십자가의 고통으로
천상의 왕관을 쓴 아드님
예수 그리스도를 얻으신
복되신 마리아 저희 어머니시여!

— 「성모님께 드리는 기도」 일부

그의 기도는 〈갈증과 목마른 자의 중심에서/ 어둠에 얽매인 쇠사슬을 풀어주시고/ 저희들의 고뇌를 아파하시던/ 당신〉에게로 향한다. 그리하여 세속의 번뇌와 갈등, 연민의 욕심에 눈이 멀게 될 때 〈성모님의 깨끗한 숨결로/ 저희들의 오욕(汚辱)〉을 씻어 주기를 소망한다. 이는 현실적인 기도로 이어지기도 하는데, 〈특별히/ 주님의 성전인 전민동 교회를/ 친교의 공동체로 엮어 주시어/ 하나〉가 되기를 원한다.

이러한 기도는 「성모님께 바치는 기도」에서 더욱 절실하게 드러난다. 〈울 넘어 곱게 핀 장미꽃/ 어머니 모습으로 젖어 듭니다./ 무수한 별들과 아름다운 장미꽃/ 온갖 선과 온갖 은총으로/ 가득한 이 밤〉에 성모님의 은혜로 인하여 자신들은 행복하다고 고백한다. 이러한 감사 기도는 다시 현실로 향하기도 한다. 〈복음의 손으로 저희를 끌어주시는/ 본당 신부님과 수녀님에게도/ 끝없는 사랑으로 감싸 주시어/ 영육간의 건강과 기쁨〉을 소망한다.

이와 함께 고통을 받고 있는 형제들을 위해서도 기도한다.

〈세속에 얽매어/ 고통을 받고 있는 이들과/ 북한 형제자매들에게도/ 성모님의 사랑이 전파되게 하시고/ 복음의 장미꽃/ 향기〉가 퍼지기를 기도한다. 고통을 겪는 이들에 대한 기도는 성인(聖人)과 성지(聖地)로 확장되는 특성을 지닌다.

밤도 없고 낮도 없는
님이 잠든 곳
풀 한 포기 꽃 한 잎마다
순교의 넋이 숨 쉬고 있네.

보려도 보이지 않고
잡아도 잡히지 않는
님의 모습들
순례자를 인도하는 꽃이여!

봄이면 새순 움터 오르고
겨울에 수도복 입는 야생화
침묵으로
새들과 대화를 나누시네.

이제 한줌의 흙으로
그 생명의 꽃으로
영원한 그 향기를 머금은
우리들의 성거산 성지!

—「성거산 성지」 전문

성거산은 충청남도 천안시 입장면에 있다. 신유박해(1801년)와 병인박해(1866년) 때 순교하신 분들의 묘소가 있어 가톨릭의 성지가 되었다. 이곳 성거산 성지의 성모님은 다른 성모상과 다르다. 가슴에 두 손을 모으고 있는 모습인데, 이를 수태고지(受胎告知) 성모상이라고 한다. 이는 성모마리아께 천사 가브리엘이 찾아와 성령으로 인하여 처녀의 몸으로 예수를 잉태할 것을 알리고, 마리아가 이에 순응한 것을 말한다.

김영우 시인은 성거산 성지를 찾아 절실한 감동으로 작품을 빚는다. 이러한 감동은 「천호성지(天呼聖地)」로 이어진다. 천호성지(天呼聖址)는 전북 완주군 비봉면에 소재한 천주교 성지이다. 기해박해(1839년)를 전후하여 충청도 지방의 천주교 신자들이 숨어들면서 마을이 이루어진 곳이다. 병인박해 등으로 순교한 성인들이 묻힌 곳이다. 그는 이 작품에서 〈하늘에는 수호천사 땅에서는 순례자들/ 잘 익은 황금빛 술독마다 넘치네.〉 〈순교자 모습 따라 합장하는 순례자/ 한결같이 비쳐주는 태양의 신이여〉라고 찬양한 다음, 〈오천 명의 기적〉을 가슴 깊이 숭모(崇慕)한다.

3. 모성(母性)의 아름다움에 대하여

어머니와 아내의 희생적 사랑에서 비롯된 그의 모성(母性)은 신앙에 연유한 듯하다. 성모(聖母)에 대한 경모(敬慕)를 생활화하다 보니, 자연스럽게 형성된 듯하다. 「당신」에서 〈바람이 불어도/ 세월이 흘러도/ 언제나 당신은/ 향기로운 성모님〉으로 노래한 문학적 '대상'은 그의 아내이다. 〈책가방 끼고 가는/ 뒷모습 애처로워/ 창문 열고 마중하는/ 애틋한 당신〉 역시 늦깎이 공부를 하는 남편(고희를 넘김)을 염려하는 아내인데, 아내는 모성(母性)의 주체로 기능한다.

시인은 아내의 모성과 어머니의 모성을 동질적으로 인식한다. 따라서 그의 어머니는 한국 어머니들의 희생적인 삶을 대유(代喩)한다. 「어머님의 기일」에서 보면, 어머니는 〈고해의 세상, 한 평생 지내시면서/ 이승에서 못다 이룬 한 많은 소원/ 예수님 일생과 함께 하면서/ 아들 딸 잘되라고 늘 기도〉하는 분이다. 〈노심초사(勞心焦思) 아들 딸 기르시느라 / 남의 집 품팔이로 얻은 밥 먹지 않으시고/ 감추어 어린 아들 먹이던 어머니〉여서 〈오늘도 하늘의 모든 성인성녀들과 통교〉하며 영원한 복락을 기원한다.

그래서 시인은 생활 속의 작은 사물을 대하면서도 어머니가 그립다. 그러한 그리움을 작품으로 빚는데, 그 진솔함으로 인해 물결처럼 밀려드는 감동을 생성(生成)한다.

깻잎 속에 싸인 생각
어머니 사랑
한평생 일궈 놓은 작은 텃밭에
한 잎 두 잎 따온 깻잎

한 줄기 두 잎씩 돋아 오르고
두 잎 사이 또 두 잎
양팔에 아들딸 품은 어머니
하늘만 바라보고
살아온 세월

푸른 잎 커가는 재미에
자식 자랑하시던 어머니

깻잎을 따서 된장독에
장아찌 담고 들기름 짜서
아들 딸 학비에 보태던 시절
깻잎 속의 그 향기
가족 사랑이 오늘 새삼 그립다.

—「깻잎을 따며」 전문

시인은 깻잎을 따면서도 어머니를 추억한다. 이와 같은 그리움은 현실에서 만날 수 있는 아내에게로 전이된다. 「아내에게 바치는 글」에서 어머니의 희생과 동질적 정서를 확인한다. 〈대청동 언덕에 살면서/ 물 한 동이에 7원하는 것도 아까워/ 만삭의 몸으로 어린아이 손잡고 물을 길어 살〉던 아내는 어머니의 희생적 삶과 다르지 않다. 시인의 아내는 〈해운대 백사장을 걸으면서도/ 아름다운 바다, 파도소리는 듣지 못했다고./ 오직 살기 바빠서/ 아들 4형제만 생각하던 당신〉이라고 할 만큼 희생적 삶을 산다.

작품 「미숫가루」에서도 시인은 극진한 모성을 노래한다. 〈한해 농사짓는 마음으로 쌀 콩 율무 열두 가지 곡식으로 어머니는 미숫가루를 만든다. 아카시아 꽃잎 따서 꿀 만들고 봄나물 매실엑기스, 피가 되고 살이 되는 보약을 만든다.〉면서 정성어린 수고에 감격한다. 〈아침 식사 대용으로 먹여 보내는 자식 생각〉을 유추하기도 하며, 〈하느님 사랑이 숨 쉬는 미숫가루/ 건강을 돌봐주는 어머니의 기도소리〉로 위상을 높이기도 한다.

이 작품의 '어머니'는 시인의 어머니일 수도 있고, 자식을 걱정하는 시인의 아내일 수도 있다. 이처럼 특정한 '어머니'에서 희생적 사랑을 실천하는 모성의 일반성을 추구하는 것이 문학의 새로운 힘이기도 하다.

철썩이는 파도소리 듣지 못하고
오직 한평생 아들 넷을 위하여
옆 눈 팔지 않고 살아온 당신

십자수 기도삼아 지난날 되새기며
꽃 틀 속 한 코 한 코, 땀을 메우고
마음에 쌓은 사랑 나누는 당신

결혼 50주년 다섯 해 앞둔 원앙새
저녁노을 깊게 물든 엑스포에서
하늘까지 무지개 십자수를 놓네.

―「아내의 십자수」 전문

이 작품의 제목은 그의 수필집 제목이기도 한데, 수필 작품 「아내의 십자수」에 상세하게 그려져 있다. 그와 아내는 〈결혼 50주년을 5년 앞둔 노부부〉다. 〈저녁 노을 곱게 물든 엑스포에서 한 쌍의 원앙새〉로 살고 있다. 시와 수필에서 말한 '엑스포'는 대전광역시 유성구 전민동에 있는 '엑스포아파트'에서 '아파트'를 생략한 명칭이다. 이를 알면 3연에서 대두되는 작품의 모호성이 해소된다.

칠순을 바라보는 그의 아내는 〈안경을 끼고 전기스탠드 불빛 아래서 수를 놓〉는다. 〈아들과 손자 방에 걸어주는 기쁨〉〈이웃 친척들에게 선물하는 재미〉로 성화(聖畵)를 수놓는다. 이처럼 신앙을 바탕으로 '나눔'을 실천하는 것도 한국의 전통적 모성에 다름 아니다. 그 모성에 의지하여 시인, 그리고 아들 4형제는 행복한 생활을 하였을 터이다.

4. 창작의 원심력에 대하여

김영우 시인의 첫 시집에 수록된 작품 중에서 '신앙 중심의 작품'과 '모성 중심의 작품'을 간략하게 정리하였다. 그러나 그의 시집에서는 더 다양한 작품들이 독자들과 만나기를 고대하고 있다. 〈텅 빈 술잔에/ 그대 향기 가득 채워/ 오순도순 추억〉을 엮는 「라일락 꽃」에서 아름다운 서정을 만난다. 〈시월을 좋아하는 까닭이/ 붉게 물든 단풍만은 아니다〉면서도 〈내가 오늘 낙엽에/ 자화상을 그리고 있다〉고 노래하는 역설도 만난다.

이와 함께 〈잔설 위로 솟은 여린 새싹들/ 쑥떡 만들어 배 채우던 시절〉을 통하여 그가 「기다리던 봄」을 유추하게 된다. 〈붉은 고추 말리던 어머니 시절에/ 잠자리 잡으려다 된장독 깨뜨렸다〉고 회상하는 유년에 공감하게 된다. 〈수억 년 세월에/ 떨어진 물방울/ 바위에 구멍을 뚫고 있다// 석순은 자라고/ 바위구멍은 커지는데/ 흘러간 삼십여 년/ 세월은/ 내 가슴에 흔적만 쌓〉았다고 반성하는 내면이 오롯하다.

이러한 서정과 내면이 그의 작품에 감동의 메아리를 만든다. 물에 돌을 던지면 동그라미가 그려지면서 멀리 퍼진다. 줄에 추를 매달고 돌리면, 그 추 역시 멀리 날아가려고 한다. 이와 같이 먼 곳으로 가려는 성질이 원심력인데, 시인의 상상력도 그러하다. 이러한 상상력에 의하여 새롭고 다양한 작품이 창작된다.

노란색
곱게 물들여 입은 아이들
눈망울이 선명도 하다

엄마 품 떠나
돌담 아래 햇살을 받아
찾아 든 터전

봄바람이 홀씨를 날린다.
산고의 고통도 잊고
세상 밖으로 훨훨 보낸다.

—「민들레」 전문

봄바람이 민들레 홀씨를 날리는 것은 자연 현상이다. 한 곳에 뿌리를 내린 민들레가 후손을 멀리 보내기 위해서는 바람에 홀씨를 날려야 한다. 이와 같은 자연 현상을 숙지(熟知)하고 있으면서도, 시인은 곧잘 민들레에게 자신의 서정을 의탁하여 내면적 원심력을 표출한다.

그리하여 다양한 제재로 작품을 빚는다. 〈꿈 속 헤매는 풀

벌레/ 이슬방울 터지는 소리에/ 아침을 연다〉고 노래한 「이슬방울」에서 생명의 소리를 찾을 수 있다. 〈탱자나무 울타리가/ 귀걸이 달고/ 봄 처녀 맞으러 바쁘다〉고 노래한 「빗물 방울」에서 순수한 동심을 만날 수 있다. 〈쏟아지는 별들처럼/ 시인의 혼불 되어/ 하늘에 새가 되리〉라고 노래하는 「창공에 뜬 별」에서 시인의 비상의지를 확인할 수 있다.

그러면서 〈거울 속에 한 남자가 있다/ 그는 인호가 찍힌 남자/ 보면 볼수록 많이 닮은 남자다〉 〈거울 속의 그 남자는/ 둘이면서 하나의 모습으로/ 인호가 찍혀 있다〉고 그려낸 「인호(印號)」는 가톨릭에 귀의한 자화상이다. 〈자랑스레 뿌리 내린 등단 소식에/ 두 손 모두 바빠진 문인의 길/ 아, 나는 누구인가〉에서 자신을 찾으려는 진지함을 보게 된다.

이처럼 자문(自問)하면서 길을 찾기 때문에 그는 독자들로부터 사랑받는 시인이 될 것이다. 이런 믿음과 기대로 김영우 시인의 작품 기행(紀行)을 맺는다.

길 따라 물길을 따라

김영우 시집

발 행 일 | 2012년 12월 15일
지 은 이 | 김영우
발 행 인 | 李憲錫
발 행 처 | 오늘의문학사
출판등록 | 제55호(1993년 6월 23일)
주　　소 | 대전광역시 동구 삼성1동 125-6 한밭오피스텔 401호
전화번호 | (042)624-2980
팩시밀리 | (042)628-2983
홈페이지 | http://www.lito77.co.kr(홈페이지)
전자우편 | hs2980@hanmail.net

공 급 처 | 한국출판협동조합
주문전화 | (070)7119-1741~2
팩시밀리 | (031)944-8234~6

ISBN 978-89-5669-527-3
값 10,000원